A. Mathews, M. Gelder, D. Johnston: Platzangst

Reinhilde Hager

Dieses Buch ist unseren ehemaligen Patienten gewidmet, die bereit waren, bis zu vier Jahren nach ihrer Behandlung umfangreiche Fragebögen auszufüllen, um eine wissenschaftliche Überprüfung und inhaltliche Überarbeitung dieser Behandlungsmethode zu ermöglichen.
Dank ihrer Hilfe konnte diese „Hilfe zur Selbsthilfe" in der vorliegenden Form entstehen.

Iver Hand *Cornelia Wilke*

A. Mathews, M. Gelder, D. Johnston

Platzangst

Ein Übungsprogramm für Betroffene und Angehörige

Deutsche Bearbeitung:
Iver Hand und Cornelia Wilke

Springer-Verlag
Berlin Heidelberg New York
London Paris Tokyo

Prof. Dr. Iver Hand
Univ.-Klinik Eppendorf
Psychiatrische und Nervenklinik
Martinistr. 52
2000 Hamburg 20

Dipl. Psych. Cornelia Wilke
Praxisgemeinschaft Klinische Verhaltenstherapie
Schröderstiftstr. 29
2000 Hamburg 13

Andrew Mathews, Professor of Psychology
Department of Psychology
St. George's Hospital
Medical School
GB-London SW 17 ORE

ISBN 3-540-18392-2 Springer-Verlag Berlin Heidelberg New York
ISBN 0-387-18392-2 Springer-Verlag New York Berlin Heidelberg

CIP-Kurztitelaufnahme der Deutschen Bibliothek:

Mathews, Andrew:
Platzangst / A. Mathews ; M. Gelder ; D. Johnston.
Dt. Bearb.: Iver Hand u. Cornelia Wilke –
Berlin ; Heidelberg ; New York ; London ; Paris ; Tokyo : Springer.
NE: Gelder, Michael:; Johnston, Derek:; Hand, Iver [Bearb.]
Patienten-Manual. Ein Übungsprogramm für Betroffene und
deren Angehörige. – 1988
ISBN 3-540-18392-2 (Berlin ...) brosch.
ISBN 0-387-18392-2 (New York ...) brosch.

Umschlagentwurf Lothar Hebel, Heidelberg, unter Verwendung einer Radierung von Max Beckmann mit freundlicher Genehmigung von Dr. Dr. Peter Beckmann, Murnau/Obb.

Gesamtherstellung: K. Triltsch GmbH, Würzburg
2119/3321-54321

Inhaltsverzeichnis

Einführung in die Benutzung dieses Selbsthilfeprogrammes

Liebe Leserin, lieber Leser,
im folgenden wenden wir uns zuerst an die Betroffenen selbst (Teil I der Einführung) und dann an deren Partner, Angehörigen- und Freundeskreis (Teil II der Einführung). Wir wollen Sie mit den wesentlichen Informationen vertraut machen, die Sie unbedingt vor Anwendung des Programmes kennen sollten.

Teil I: Für Agoraphobiker

Das vorliegende Selbsthilfeprogramm zur Bewältigung von Platzangst (in der Fachsprache: Agoraphobie) unterscheidet sich von den meisten Selbsthilfe-Büchern, die inzwischen für zahlreiche Alltagsprobleme wie auch für Störungen von Krankheitswert erschienen sind, durch folgende Merkmale: Es ist weitgehend frei von theoretischen Erörterungen; es wurde in über 10jähriger klinischer Forschungsarbeit entwickelt und hinsichtlich seiner Wirksamkeit eingehend überprüft; es beruht auf einem intensiven verhaltenstherapeutischen Übungsprogramm – d.h., es ist ein Arbeitsbuch. Mit Hilfe der Übungen können Sie durch verändertes Verhalten Ihre Gefühle verändern und neue Erkenntnisse gewinnen – statt zu warten, bis Sie durch Nachdenken Erkenntnisse gewonnen haben, die Ihnen dann vielleicht ermöglichen, Ihr Verhalten zu ändern.
Die Agoraphobie gehört zu den sog. Angsterkrankungen, die in der Bevölkerung nach den Suchterkrankungen die zweithäufigste Störung darstellen. Nach jüngsten epidemiologischen Untersuchungen leiden in Deutschland und in den USA etwa 3,5% der Bevölkerung zwischen 25 und 65 Jahren in einem behandlungsbedürftigen Ausmaß unter agoraphobischen Ängsten – das sind nahezu 1 Million Menschen.

Symptome, Verlauf und Ursachen der Platzangst (Agoraphobie)

Die Platzangst beginnt meist mit gelegentlichen Angstanfällen außer Haus. Die Betreffenden glauben zunächst, unter Kreislaufstörungen (Herzbeschwerden, Schwindelgefühl, Schwächegefühl in den Beinen) zu leiden und suchen nach Häufung solcher Zustände einen Arzt auf. Diese Angstzustände können anfangs in wöchentlichen oder noch längeren Intervallen auftreten und jeweils wenige Sekunden bis mehrere Stunden anhalten. Die Alltagsaktivitäten werden in diesem Stadium der Krankheitsentwicklung noch nicht eingeschränkt. Erst nach einer Serie solcher Angstzustände beginnt die Vermeidung der scheinbar angstauslösenden Situationen in der Öffentlichkeit – und damit auch die Einschränkung der allgemeinen „Lebensqualität".

Die Angst vor einem erneuten Angstzustand wird schließlich so stark, daß viele Situationen nicht mehr alleine, sondern nur noch in Begleitung vertrauter Personen aufgesucht werden können. Die Ängste nehmen mit der Zeit immer mehr Raum im Denken und Handeln der Betroffenen ein und breiten sich auf immer mehr Situationen aus.

Viele Betroffene empfinden diese Ängste – trotz der Tatsache, daß sie sich ihnen so ausgeliefert fühlen – als so unsinnig und peinlich, daß sie sie selbst vor der Familie lange Zeit verheimlichen und immer neue „Ausreden" erfinden, um sie zu verdecken. Dadurch steigt aber die innere Unruhe und Daueranspannung noch mehr an, wodurch wiederum die Wahrscheinlichkeit des Auftretens solcher Angstzustände in spezifischen Situationen weiter zunimmt. Es entwickelt sich also ein regelrechter „Teufelskreis" einer ständigen Krankheitsverschlechterung. Die „Angst vor der Angst" bleibt auch, wenn bereits fast alle Situationen gemieden werden. Gelingt es in diesem Stadium, sich nahestehenden Personen gegenüber zu „offenbaren", dann erfolgt von der Umwelt oft eine nicht erwartete Zuwendung und Hilfestellung. Die Helfer reagieren nach einiger Zeit aber oft ratlos und hilflos, wenn sie bemerken, daß versuchte Hilfestellungen zwar in der Angstsituation beruhigen, die Krankheitsentwicklung selbst jedoch nicht günstig beeinflussen.

Nach längerem Krankheitsverlauf und bei in der Regel fortgesetzter „Verheimlichung" der Beschwerden außerhalb der Familie werden zunehmend die vorher meist guten sozialen Kontakte eingeschränkt, der Freundeskreis stark abgebaut und die meisten Freizeitaktivitäten aufgegeben. In diesem Stadium kommt es zu einer erheblichen Zunahme des Leidensdruckes und von Schuldgefühlen gegenüber Angehörigen, sowie zu einem weiteren Abbau des Selbstwertgefühles mit begleitenden und zunehmenden Depressionen.

In der Anfangsphase dieser Beschwerden suchen viele Betroffene aufgrund der scheinbar im Vordergrund stehenden körperlichen Symptome den Hausarzt oder Internisten auf und kommen häufig erst nach jahrelangem (4–8 Jahre) Krankheitsverlauf zu einem Psychiater, Psychotherapeuten oder Verhaltenstherapeuten. In aller Regel erfolgen erst einmal medikamentöse Behandlungsversuche, bevor dann etwa ein Verhaltenstherapeut aufgesucht wird.

Umfangreiche Untersuchungen haben ergeben, daß die Agoraphobie gewöhnlich zwischen dem 18. und 35. Lebensjahr erstmalig auftritt. Obwohl einige Untersuchungen nahelegen, daß sie etwa gleich häufig bei Frauen und Männern vorkommt, sind zwischen 70 und 90% der Hilfesuchenden Frauen. Wir haben uns deshalb auch entschlossen, im folgenden durchgängig von der „Agoraphobikerin" statt von dem „Agoraphobiker" zu sprechen.

Hinsichtlich der Ursachen und Auslöser der Agoraphobie gibt es keine einheitlichen Erkenntnisse. Häufig stellen sich die Ängste nach einschneidenden Veränderungen in der Lebensführung ein. Hierzu zählen ernsthafte Erkrankungen (speziell auch, wenn sie mit Krankenhausaufenthalt verbunden sind), Verlust einer nahestehenden Person (Trennung oder Tod von Eltern oder Lebenspartnern), schwerwiegende Probleme am Arbeitsplatz oder auch unangenehme Erlebnisse auf der Straße oder in öffentlichen Verkehrsmitteln. Persönlich schwerwiegende Ereignisse, die einen Menschen unsicher, irritierbar und deprimiert machen, schaffen also eine Risikosituation, in der sich unter bestimmten zusätzlichen Bedingungen (z.B. vereinzelt auftretendes, eigentlich harmloses Herzjagen in einem Kaufhaus) eine Platzangst herausbilden kann. Manche Agoraphobikerinnen nennen allerdings eher harmlos erscheinende Erlebnisse als Auslöser ihrer Erkrankung.
Die „Einsicht“ in diese Ursachen führt alleine jedoch selten zu einem Abbau der Phobie. Der Erfolg der zur Angstbewältigung in diesem Manual beschriebenen Verhaltensübungen ist auch weitgehend unabhängig von diesen unterschiedlichen Auslösebedingungen.

Zielsetzung und Anwendung des Übungs-Programmes

In diesem Programm versuchen wir, Ihnen vor allem auf die beiden wichtigsten Fragen Lösungen vorzuschlagen:

1. Welches Verhalten hält meine Angst aufrecht?
2. Durch welches Verhalten kann ich meine Angst am besten bewältigen?

Sie können mit diesem Selbsthilfeprogramm lernen, wie Sie sich verhalten sollen, um Ihre Angst stetig weiter abzubauen statt sie regelmäßig zu verstärken. Dazu wird Ihnen eine Reihe von Übungen in den angstbesetzten Situationen vorgeschlagen, die Sie dann jeweils entsprechend Ihren persönlichen Bedürfnissen verändern können. Die Übungen bauen abgestuft aufeinander auf und beginnen vor Ihrer Haustür. Das Übungstempo bestimmen Sie selbst, wobei Sie darauf achten sollten, sich nicht zu überfordern. Das Erlernen spezieller Entspannungstechniken ist nicht erforderlich, da jahrelange Untersuchungen eindeutig ergeben haben, daß diese den Erfolg dieses Übungs-Programmes nicht verbessern.

Das vorliegende Selbsthilfeprogramm wurde 1977 an der Universitäts-Klinik in Oxford entwickelt und nach klinischer Überprüfung 1981 in England veröffentlicht. Zwischen 1981 und 1986 wurde es von der Verhaltenstherapie-Ambulanz der Universitätsklinik Hamburg in einer von uns übersetzten, eingehend überarbeiteten und ergänzten, sowie unseren kulturellen Bedingungen angepaßten Fassung regelmäßig eingesetzt und hinsichtlich seiner Wirksamkeit und möglicher Nebenwirkungen sorgfältig untersucht.

Dieses Programm kann auf vier verschiedene Arten zur Anwendung kommen:

1. Sie machen Ihre Übungen unter Anleitung eines Therapeuten. Für Ihren Therapeuten steht dann ein spezielles Manual zur Verfügung, das diesem Buch nicht beigefügt ist. Im Rahmen dieser Therapie kann der Partner als Ko-Therapeut mit einbezogen werden.

2. Sie machen Ihre Übungen unter Anleitung eines Therapeuten, aber ohne Einbeziehung des Partners.

3. Sie führen die Übungen ohne Therapeuten, nur mit Unterstützung Ihres Partners oder einer anderen vertrauten Person durch. Für diese Personen wurde der zweite Teil dieses Programmes verfaßt, der ein besseres Verständnis für Ihre Beschwerden vermittelt und eine sehr genaue Anleitung für eine Hilfestellung gibt.
Nach welchen Kriterien können Sie und Ihr Partner nun entscheiden, ob Sie diese Möglichkeit zur gemeinsamen Arbeit auch wirklich nutzen möchten?
Falls Sie und Ihr Partner aufgrund der Agoraphobie bereits die meisten oder alle Aktivitäten außerhalb der Wohnung gemeinsam abwickeln, sollten Sie am besten auch das Übungsprogramm gemeinsam durchführen. Da Sie sich ja bereits geeinigt haben, daß Hilfestellung sowohl gewünscht wie auch gegeben wird, können Sie und Ihr Partner mit Hilfe des Programmes am schnellsten erkennen, welche Form der Hilfestellung „falsch" ist (da sie die Phobie eher verstärkt) und welche Alternativen für eine „richtige" Hilfestellung (die die Phobie abzubauen hilft) zur Verfügung stehen. Falls im Umgang mit der Phobie jedoch keine so enge Beziehung zwischen Ihnen und Ihrem Partner besteht, können Sie und (oder) Ihr Partner auch gute Gründe dafür haben, dieses Übungsprogramm nicht gemeinsam durchzuführen. Wenn nur einer von Ihnen beiden erhebliche Bedenken hat, dann sollte der andere dieses frühzeitig akzeptieren. In so einer Situation kann das Übungsprogramm wirksamer unter der Anleitung eines Therapeuten durchgeführt werden.

4. Sie führen die Übungen eigenständig, nur mit Hilfe des Arbeitsbuches, durch.
Die Möglichkeiten 3. und 4. sollten Sie allerdings nur dann nutzen, wenn Sie keinen Therapeuten finden können, der Sie mit Hilfe des speziell für Therapeuten entwickelten Manuals bei Ihrem Bemühen beraten könnte. Falls Sie sich entscheiden, das Programm alleine durchzuführen, so sollten Sie auf jeden Fall auch den für Ihren Partner verfaßten Teil vor Übungsbeginn sorgfältig durcharbeiten. Dort finden Sie weitere Ratschläge, die Sie anderenfalls über Ihren Partner erhalten hätten und nun selbst direkt aus dem Manual entnehmen müssen. Ebenso ist es aus unserer Sicht äußerst sinnvoll, daß Ihr Partner auch bei Nichtbeteiligung an dem Übungsprogramm beide Programmbeschreibungen zum besseren Verständnis Ihrer und seiner eigenen Situation durcharbeitet.

Medizinische Voraussetzungen zur Anwendung des Übungs-Programmes

Bevor Sie mit den Übungen beginnen, sollten Sie folgende Überlegungen anstellen und die damit zusammenhängenden Fragen klären:

1. Die letzte ärztliche Untersuchung sollte auf keinen Fall länger als 1 Jahr zurückliegen, auch wenn Ihre Agoraphobie schon deutlich länger besteht. Viele Symptome einer Agoraphobie können auch Begleiterscheinungen körperlicher Erkrankungen (z.B. der Schilddrüse, des Herz-Kreislauf-Systems, des Stoffwechsels u.ä.) sein. Dann wäre von einer Schein-Agoraphobie zu sprechen, bei der unbedingt zuerst die körperliche Krankheit behandelt werden muß! Bei der „echten“ Agoraphobie liegt dagegen keine körperliche Erkrankung vor! Falls noch nicht geschehen, sollte daher durch eine ärztliche Untersuchung **unbedingt** sichergestellt werden, daß keine körperlichen Erkrankungen vorliegen.

2. Sollten Sie bisher noch keinen Therapeuten aufgesucht haben und dieses Übungsprogramm unter begleitender Anleitung durch einen Verhaltenstherapeuten anwenden wollen, so erkundigen Sie sich bei Ihrer Krankenversicherung nach Namen und Anschriften von Verhaltenstherapeuten, die im Rahmen des Verhaltenstherapie-Vertrages eine Kassenzulassung haben.

3. Wenn Sie bereits in regelmäßiger therapeutischer Betreuung sind, teilen Sie Ihrem Arzt oder Psychologen bitte mit, daß Sie dieses Übungsprogramm durchführen möchten. Klären Sie dann mit Ihrem Therapeuten, ob dieses mit der laufenden Therapie in Übereinstimmung zu bringen ist und ob Ihr Therapeut Ihnen auch als Berater für die Durchführungen Ihrer Übungen zur Verfügung steht.

4. Das Übungsprogramm sollte ohne Einnahme von Beruhigungsmitteln (sogenannte Tranquilizer oder Benzodiazepine) durchgeführt werden. Falls Sie solche Medikamente einnehmen, sprechen Sie mit Ihrem Arzt darüber, ob und wie diese gestuft abgesetzt werden können. Erst wenn Sie mindestens eine Woche lang diese Medikamente nicht mehr eingenommen haben, sollten Sie mit den Übungen beginnen. Bedenken Sie dabei bitte, daß der Entzug von solchen Medikamenten selbst Symptome provozieren kann, die denen der Agoraphobie ähnlich sind. Sie sollten dieses Übungsprogramm unbedingt ohne Beruhigungsmittel durchführen. Solange Sie nur nach Einnahme von Beruhigungsmitteln außerhalb der Wohnung üben, lernen Sie nur, immer mehr an die „Kraft“ des Medikamentes zu glauben – Sie lernen also nicht, wieder sich selbst zu vertrauen. Erst wenn Sie selbst wieder erleben, daß Sie auftretende Angstzustände ohne fremde Hilfe und ohne angstbetäubende Mittel bewältigen können, kann auch Ihr Selbstbewußtsein wieder wachsen und Ihre Abhängigkeit abgebaut werden.

Sollten Sie von Beruhigungsmitteln bereits in stärkerem Maße abhängig sein (bei längerer Einnahme oder höherer Dosierung), so klären Sie unbedingt mit Ihrem Arzt, ob unter Umständen ein stationärer Tablettenentzug vor Übungsbeginn durchgeführt werden sollte.

5. Agoraphobikerinnen leiden, wie schon angeführt, häufig unter stärkeren depressiven Verstimmungen, verbunden mit Schlafstörungen, Interessenverlust, erhöhter Angstbereitschaft und einem Gefühl der Hoffnungslosigkeit. Dabei kann die Depression vor allem deshalb entstanden sein, weil die Agoraphobie in der beschriebenen Weise die Lebensführung zunehmend negativ beeinflußt hat. Die aus den Konsequenzen der Phobie entstandene Depression kann nun ihrerseits wiederum die Neigung zu Angstreaktionen erhöhen – so daß hier ein weiterer „Teufelskreis" für die Entwicklung eines chronischen Krankheitsverlaufes vorliegen kann. In diesem Zustand nimmt dann auch die Enttäuschung über das eigene „Versagen" zu, die Motivation zur Bewältigung auch lösbarer Aufgaben sinkt. Allmählich erscheint alles zu schwer und auch sinnlos. In diesem Fall sollten Sie unbedingt mit einem Arzt oder speziell mit einem Psychiater sprechen. Bei so ausgeprägten Depressionen sollten Sie das Selbsthilfeprogramm nicht ohne ärztliche Unterstützung beginnen. In diesem Fall kann auch durchaus die Notwendigkeit zur vorübergehenden Einnahme eines Mittels gegen Depressionen gegeben sein. Diese Medikamente machen im Gegensatz zu den Beruhigungsmitteln nicht abhängig und können bei Vorliegen einer tieferen Depression helfen, überhaupt erst einmal handlungsfähig zur Durchführung des Übungsprogrammes zu werden. Kommt es unter diesen Voraussetzungen zur Einnahme eines Antidepressivums oder nehmen Sie ein solches bereits ein, dann sollten Sie erst nach Eintreten deutlicher Übungserfolge mit Ihrem behandelnden Arzt besprechen, ab welchem Zeitpunkt das Antidepressivum versuchsweise und gestuft wieder reduziert und schließlich abgesetzt werden kann. Bei Vorliegen stärkerer Depressionen wird der von Ihnen aufgesuchte Psychiater auch abklären, ob möglicherweise eine Schein-Agoraphobie im Rahmen einer Depression als Haupterkrankung vorliegt. Liegt eine solche „primäre Depression" bei Ihnen vor, sollten Sie dieses Programm nicht anwenden.

Persönliche Voraussetzungen zur Anwendung des Übungs-Programmes

1. Das Übungsprogramm sollte über einen Zeitraum von mindestens 4 Wochen durchgeführt werden. Nach Abschluß dieser Trainingsphase sollten Sie überlegen, ob erste Übungserfolge sich eingestellt haben, so daß ein Weiterüben sinnvoll ist.

2. Nach unseren Erfahrungen ist während der ersten 4 Wochen eine tägliche, mindestens 1stündige Übungszeit erforderlich. Achten Sie darauf, daß sich die Übungsstunde nicht aus 10- oder 20- Minuten-Intervallen zusammensetzt, sondern im Block durchgeführt wird. Bei zu kurzen täglichen Übungszeiten besteht die Gefahr der Angststeigerung in den agoraphobischen Situationen, z.B. wenn diese mit starkem Angstgefühl nur kurz aufgesucht und schnell wieder verlassen werden. Eine zu kurze Übungsphase wäre eher ein Training in weiterer Krankheitsverfestigung als eine Übung zur Angstbewältigung. Überlegen Sie bitte, ob es Ihnen derzeit möglich ist, täglich eine Übungsstunde durchzuführen! Bedenken Sie dabei, daß Anfahrzeiten zum Übungsort zusätzliche Zeiten erfordern können. Darüber hinaus müssen Zeiten für die Gespräche mit einem Therapeuten oder dem Partner eingeplant werden.
Nur wenn Sie die erforderlichen Zeiten für die Übungsplanung, -durchführung und -nachbereitung einrichten können, sollten Sie mit dem Selbsthilfeprogramm beginnen.

3. Nach unseren Erfahrungen lag die gesamte Übungszeit im Mittel bei ca. sechs Monaten. Einige Patienten veränderten bereits nach den ersten vier Wochen die Übungsbedingungen, indem Sie nur an jedem zweiten Tag die Übungen fortführten, andere übten täglich über drei Monate. Sobald Sie beim Üben Langeweile feststellen, ist dies meist ein sicheres Zeichen, daß die Übungsschritte bereits zum Alltagsverhalten zählen. Meist blieben dennoch einzelne Übungen, z.B. weite Reisen, übrig, die zu späteren Zeiten durchgeführt wurden.
Ihre persönliche Übungsphase kann sich somit über ein ganzes Jahr erstrecken. Die gesamte Übungszeit hängt ab von der Anzahl Ihrer Übungsziele, von deren Schwierigkeitsgrad und auch von Ihrer Risikobereitschaft, sich in die angstauslösenden Situationen zu begeben.

4. Achten Sie grundsätzlich auf die Einhaltung von regelmäßigen Mahlzeiten!
Ängstliche Personen neigen dazu, aufgrund ihrer ständigen Anspannung das regelmäßige Einnehmen von Mahlzeiten zu vergessen, oder haben das Empfinden, „keinen Bissen herunter zu bekommen".
Werden die Grundmahlzeiten ausgelassen, so kann es – bei gleichzeitigem erhöhtem Energieverbrauch durch Üben und Aufregung – zur Unterzuckerung des Körpers kommen (Hypoglykämie), durch die Symptome provoziert werden, die denen der Agoraphobie sehr ähnlich sind. Ist dieser Zustand erreicht, ist ein effektives Üben nicht mehr möglich, da das Üben die so verursachten körperlichen Mißempfindungen nicht zurückgehen läßt.

Zum Nutzen lästiger Fragebögen

Wir möchten Sie bitten, vor Beginn der Übungen (am besten gleich jetzt) eine Reihe von Fragen zu Ihrer Agoraphobie und zu Ihrer Stimmungslage zu beantworten. Zu diesem Zweck sind im Anhang die entsprechenden Fragebögen beigefügt. Diese Fragebögen helfen Ihnen, sich über Ihre Angst und Stimmungen weiter Klarheit zu verschaffen. Wenn Sie die gleichen Fragebögen dann jeweils bei Abschluß Ihrer vierwöchigen Übungsphase und noch einmal 6 Monate später erneut ausfüllen, können Sie selbst konkret anhand der Ergebnisse die eingetretenen Veränderungen überprüfen.

Sie können sich mit diesen Fragebögen auch an einem Forschungsprogramm beteiligen, das wir über diese Form eines Selbsthilfe-Trainings durchführen.
Zum einen möchten wir noch einmal überprüfen, wie häufig mit dieser Anleitung zufriedenstellender Erfolg erreicht wird. Weiterhin ist es für uns wichtig zu erfahren, wieviele der Betroffenen das Übungsprogramm 1. unter Anleitung eines Therapeuten, 2. unter Therapeutenanleitung mit Einbeziehung des Partners als Ko-Therapeuten, 3. eigenständig mit Hilfestellung des Partners oder aber 4. ganz allein, nur mit Unterstützung des Arbeitsbuches durchgeführt haben.
Schließlich würden wir gerne überprüfen, ob alle Ratschläge und Anweisungen so klar und verständlich sind, daß weiterhin keinerlei negative Auswirkungen bei Selbstanwendung auftreten (in den bisherigen jahrelangen klinischen Untersuchungen in Oxford und Hamburg konnten solche nie beobachtet werden). Nur mit Hilfe Ihrer Rückmeldungen sind diese Fragen zu beantworten.
Sie haben auch die Möglichkeit, sich in wichtigen Fragen schriftlich mit uns in Verbindung zu setzen. Wir werden uns bemühen, Rückfragen in kürzester Zeit zu beantworten.
Wenn Sie sich an dem Forschungsprogramm beteiligen möchten, dann übersenden Sie uns die drei Fragebogensätze am besten gleich nach Erreichen des jeweiligen Zeitpunktes: vor Beginn der Trainingsphase (F I); am Ende der vierwöchigen Trainingsphase (F II); 6 Monate nach der vierwöchigen Trainingsphase (F III). Falls Sie die bei uns durchgeführte Auswertung zugesandt haben möchten, fügen Sie bitte jedesmal Ihren Namen und Ihre Anschrift bei. Andernfalls fügen Sie bitte eine selbstgewählte Code-Nummer, die aus 3 Buchstaben und 4 Zahlen bestehen sollte, bei, damit wir Ihre drei Fragebogen-Pakete als zu einer Person gehörig erkennen können. Wichtig ist, daß Sie alle 3 Testungen F I, F II und F III ausfüllen. Fehlen z.B. die Fragebögen vor Übungsbeginn (F I), können wir Ihre Ergebnisse nicht auswerten!

Teil II: Für Partner und Angehörige

Die meisten Agoraphobikerinnen sind verheiratet oder leben in einer festen Partnerschaft, halten engen Kontakt zu ihrer Herkunftsfamilie und haben oder hatten (bis zum Ausbruch der Erkrankungen) einen Freundeskreis. Häufig versuchen Angehörige, intensiv Hilfestellung zu geben. In manchen Partnerschaften gelingt dies über Jahre oder gar Jahrzehnte durch tägliches enges Zusammensein so gut, daß nahezu keine negativen Auswirkungen der Agoraphobie eintreten. Häufiger führt das Leid der Betroffenen jedoch im Laufe der Zeit zu einem Mit-Leiden der Angehörigen: Neben dem Mitleid mit der Betroffenen kann auch die tägliche umfangreiche Hilfestellung zur Belastung in der Lebensführung des Partners oder der Familie werden. Typische Belastungen sind dabei regelmäßige Begleitung zu und von dem Arbeitsplatz, die Übernahme nahezu aller außerhäuslichen Verpflichtungen und schließlich die Einschränkung oder Aufgabe von sozialen Aktivitäten. Im Extremfall kann es sogar zu Gefährdungen des Arbeitsplatzes der Partner kommen, z.B. wenn sie häufiger während des Arbeitstages telefonisch zu Hilfestellungen vom Arbeitsplatz abgerufen werden. Andere Angehörige wiederum neigen frühzeitig zu eher verärgerten Reaktionen und werfen der Betroffenen unter Umständen „Faulheit" und einen „Mangel an Willenskraft" vor.
Bei den meisten Angehörigen, die wir im Laufe der mittlerweile 10jährigen Arbeit mit Agoraphobikerinnen gesprochen haben, bestand eine ausgeprägte Unsicherheit, ob das eigene Verhalten nun wirklich „richtig" war. Die genaue Analyse der konkret erbrachten Hilfeleistungen ergab, daß das Verhalten der Partner, trotz bester Absichten, meist eher zur Aufrechterhaltung als zum Abbau der Ängste beitrug. Dieser Teufelskreis kann nun am besten dadurch unterbrochen werden, daß Partner und andere Familienangehörige bzw. Freunde sich eingehend über Agoraphobie informieren, damit ein angemessenes Verständnis und – falls von Ihnen und der Betroffenen gewünscht – effektive Hilfeleistung möglich werden.

Partner und andere nahestehende Personen haben in der Regel ausgesprochen positiv auf das vorliegende Manual reagiert. Häufig konnten sie feststellen, daß sie sich ansatzweise sogar schon in der im Manual empfohlenen Weise verhalten hatten, wobei es ihnen dann aus mangelndem Wissen heraus immer wieder an Mut zur konsequenten Umsetzung dieser Art von Hilfestellung gefehlt hatte. Bereits durch die Informationen in beiden Manualen (Betroffene und Partner sollten unbedingt beide lesen!) kann die Unsicherheit im Umgang mit der agoraphobischen Partnerin abnehmen und die partnerschaftliche Beziehung entlastet werden.

Grundsätzlich haben Sie also zwei Möglichkeiten der Unterstützung Ihrer Partnerin bei ihrem Versuch, die Agoraphobie durch Selbsthilfe zu überwinden:

1. Sie verbessern Ihr Verständnis für die agoraphobische Problematik Ihrer Partnerin, indem Sie beide Teile dieses Manuals lesen. Damit erleichtern Sie möglicherweise auch Ihrer Partnerin, sich Ihnen gegenüber in bezug auf ihre Ängste mehr zu öffnen. Recht häufig fällt dies nämlich der Agoraphobikerin schwer, da sie befürchtet, daß selbst Partner oder andere nahestehende Personen sie in ihren Ängsten nicht verstehen können und für verrückt halten würden, falls sie davon wüßten. Das Wissen, daß Sie sich über beide Manuale gut vorinformiert haben, kann sehr wohl diese Erwartungsängste abbauen und zu einem intensiveren Austausch zwischen Ihnen und Ihrer Partnerin führen.
Schon dies allein bedeutet für eine Agoraphobikerin eine große Erleichterung und Hilfestellung, da das vorausgegangene Gefühl, verheimlichen zu müssen, ein erheblicher zusätzlicher Streßfaktor gewesen war. Zusätzliche Entlastung erhält Ihre Partnerin dadurch, daß Sie – vorinformiert durch beide Manuale – im Gespräch über diese Ängste viel besser und rascher verstehen können.

2. Sie leisten aktive Hilfestellung und Unterstützung: Entweder im Rahmen einer unter Anleitung eines Psychologen oder Arztes durchgeführten Behandlung in der Rolle eines Ko-Therapeuten; oder als Ratgeber, falls sich Ihre Partnerin für eine reine Selbstbehandlung ohne professionelle Hilfestellung entscheidet.

Bevor Sie sich selbst jedoch für eine aktive Teilnahme entscheiden, sollten Sie sich über folgende Punkte unbedingt Klarheit verschaffen:

a) Verfügen Sie über genügend freie Zeit bzw. erlaubt Ihre berufliche Tätigkeit eine regelmäßige Unterstützung Ihrer Partnerin während der vierwöchigen intensiven Trainingsphase?
Während dieser Übungsphase müssen Sie mindestens eine Stunde pro Tag für Vor- und Nachgespräche sowie zusätzliche Zeit als Begleiter zu und in den Übungssituationen einplanen. Der Zeitaufwand kann durchaus auch darüber hinausgehen und ist abhängig von der Schwere der agoraphobischen Symptomatik. Besprechen Sie daher vor Ihrer Entscheidung zur aktiven Mithilfe genau die Anzahl der von Ihrer Partnerin aufgeführten Übungsziele und die voraussichtliche Fähigkeit Ihrer Partnerin, die Durchführung der Übungen auch alleine einzuleiten. Falls letzteres anfangs überhaupt nicht möglich ist, müssen Sie mit einer zusätzlichen Übungsstunde pro Tag zur direkten Begleitung in die phobische Situation rechnen, wobei Sie dann sehr sorgfältig Ihr eigenes Verhalten entsprechend den Ratschlägen in dem für Sie geschriebenen Manual kontrollieren müssen. Die insgesamt erforderliche tägliche Übungszeit ergibt sich also aus der *Anzahl der Übungsziele, der Entfernung der Übungsziele zum Wohnort* und dem Ausmaß der Behinderung Ihrer Partnerin durch die agoraphobischen Ängste. Bedenken Sie, daß auch nach Abschluß der intensiven vierwöchigen Übungszeit in der Regel noch

weitere, der Stabilisierung erreichter Fortschritte dienende Übungen durchzuführen sind, für die eine Fortsetzung Ihrer Beratung dann zumindest wünschenswert wäre.

b) Können Sie geduldig auf Probleme eingehen, aktiv zuhören und auch für kleine Lernschritte Lob und Ermutigung aussprechen?
Nach unseren Erfahrungen haben Partner, die grundsätzlich nicht oder nur sehr mühsam loben können, große Probleme bei der aktiven Hilfestellung in diesem Programm. In einem solchen Fall würde eine aktive Beteiligung unter Umständen sogar zu einer Verschärfung von Spannungen in der Partnerbeziehung führen, die dann wiederum die Übungen beeinträchtigen würde – was die Spannungen weiter erhöht. Es könnte dann eine Situation entstehen, in der geradezu ein Kampf um Anerkennung stattfindet. Ein Ehemann äußerte zum Beispiel: „Ich kann meine Frau doch nicht dafür loben, daß sie sich im Kaufhaus aufhält. Das kann doch jedes Kind!" Wenn Sie ähnlich denken, sollten Sie erst einmal beide Teile dieses Selbsthilfe-Manuals durchlesen, damit Sie besser über die Agoraphobie informiert sind. Überprüfen Sie dann, ob Sie die oben zitierte Einstellung immer noch haben. Falls dies so ist, sollten Sie sich nicht aktiv an dem Übungsprogramm beteiligen. Falls Sie aufgrund der Informationen Ihre Einstellung aber geändert haben, können Sie Ihrer Partnerin Ihre Hilfe anbieten.
Partner oder Angehörige, die selbst beruflich oder durch andere Dinge stark belastet sind, verlieren im Umgang mit Lernsituationen (z.B. den Kindern bei den Schularbeiten helfen) leicht die Geduld und die Fähigkeit, sich anderen mit Lob und Anerkennung zuzuwenden. Wenn die eigenen Reaktionsmuster nicht kurzfristig zu ändern sind, dann besteht die beste Hilfestellung darin, Unterstützung durch eingehendes Durcharbeiten beider Teile dieses Manuals zu geben, um ein besseres Verständnis zu entwickeln und der Partnerin zu signalisieren, daß entsprechendes Bemühen vorhanden ist.

c) Haben Sie zur Zeit schwerwiegende Eheprobleme?
Das Auftreten von Problemen in einer Paar- oder Ehebeziehung ist grundsätzlich etwas „Normales". Kommen Probleme aber über längere Zeiträume nicht zur Lösung, dann sollten Sie mit Ihrer Partnerin gemeinsam überprüfen, ob diese eher durch die Agoraphobie und deren Auswirkungen auf das gemeinsame Zusammenleben bedingt sind, oder ob es sich dabei eher um von der Phobie unabhängige Schwierigkeiten handelt. Im ersteren Falle besteht eine gute Möglichkeit, daß die phobiebedingten Probleme alleine schon durch das gemeinsame Durcharbeiten beider Manuale erheblich reduziert werden und durch gemeinsames Üben noch weiter abnehmen. Im letzteren Falle würden sich Ihre primären Eheprobleme aber mit hoher Wahrscheinlichkeit negativ auf gemeinsam durchgeführte Übungen auswirken, die dann ihrerseits wieder Ihre Eheprobleme verstärken könnten. In so einer Ehesituation ist es besser, von gemeinsamen aktiven Übungen mit diesem Manual Abstand zu nehmen.

d) Fühlen Sie sich verpflichtet, Ihrer Partnerin aktive Hilfestellung zu geben?
Wenn dies Ihr einziges Motiv zur aktiven Hilfestellung ist, sollten Sie sich in Ihrer beider Interesse nicht aktiv an dem Programm beteiligen. Verpflichtungs- oder Schuldgefühle könnten bei den anfänglich belastenden Übungen zu Ungeduld und unterschwelligen (wenn auch nicht in Worten geäußerten) ärgerlichen Gefühlen führen, die dann von Ihrer Partnerin auch gespürt werden würden. Sie würden auf diese Weise beide ein hohes Risiko eingehen, nicht nur eine schlechte Übungssituation herzustellen, sondern auch Ihre partnerschaftliche Kommunikation weiter zu beeinträchtigen. Versuchen Sie, offen mit Ihrer Partnerin Ihre Beweggründe für Ihren Wunsch, sich nicht aktiv zu beteiligen, durchzusprechen. Auch wenn dieses Gespräch spannungsgeladen sein sollte, ist ein begrenzter Streit an dieser Stelle weniger problematisch als die unausgesprochenen Spannungen, die in den Übungssituationen immer wieder neu entstehen würden.

e) Können Sie sich vorstellen, Ihre Rolle des „Beschützers" für Ihre Partnerin zu verlieren oder aktiv aufzugeben?
Vielleicht gehören Sie zu jenen Partnern von Agoraphobikerinnen, die die tägliche intensive Hilfestellung überhaupt nicht als Belastung empfinden, sondern im Gegenteil darin eine Möglichkeit sehen, der Partnerin immer wieder die eigene Zuneigung und Wertschätzung deutlich zu machen? Falls Ihre Partnerbeziehung über längere Zeit auf diese Weise gut funktioniert hat und der Wunsch nach Wiedererlangung von Eigenständigkeit außerhalb des häuslichen Milieus jetzt überwiegend von Ihrer Partnerin ausgeht, dann sollten Sie sich selbst intensiv damit auseinandersetzen, wie Sie darauf reagieren werden, wenn Ihre Partnerin mit ihrer Zielsetzung erfolgreich ist. Sie sollten auch versuchen, darüber mit Ihrer Partnerin offen zu reden. Es ist wichtig für Ihre Partnerin zu wissen, daß Sie sich dann möglicherweise überflüssig oder ungeliebt fühlen und den Eindruck haben, eine sinnvolle Rolle in der Partnerschaft verloren zu haben. Gelingt es Ihnen nicht, diese Sichtweise durch eigene Überlegungen und Gespräche mit der Partnerin zu überwinden, so können schon einige wenige Beratungsgespräche bei einem Therapeuten (evtl. gemeinsam mit der Partnerin) eine ausreichende Hilfestellung sein.

Wichtig für Betroffene und Partner

Die aktive Beteiligung des Partners am Übungsprogramm ist nicht grundsätzlich „richtig“ oder „falsch“ bzw. „erforderlich“ oder „überflüssig“. Wenn Betroffene und Partner beide Manuale gelesen haben, ist jede gemeinsame Entscheidung richtig. Das Programm ist für beide Vorgehensweisen gleich gut geeignet!
Unabhängig von der aktiven Beteiligung des Partners ist jedoch bei der Durchführung dieses Übungsprogrammes die begleitende Beratung durch einen mit dem Therapeuten-Manual vertrauten Verhaltenstherapeuten, Arzt oder Psychologen nachdrücklich zu empfehlen, da die bisherige klinische Überprüfung der Wirksamkeit des Manuals unter diesen Bedingungen erfolgt ist. Besteht für Sie aus äußeren Gründen keine Möglichkeit, eine solche fachliche Hilfestellung zu erhalten, so spricht jedoch nach dem gegenwärtigen Erfahrungsstand nichts dagegen, daß Sie zumindest den Versuch der eigenständigen Anwendung unternehmen.

Wir wünschen Ihnen viel Erfolg!

Iver Hand
Cornelia Wilke

Bitte, senden Sie eventuelle Nachfragen sowie die ausgefüllten Fragebögen an folgende Anschrift:

Universitäts-Krankenhaus
Hamburg-Eppendorf
Verhaltenstherapie-Ambulanz
Stichwort: HBT-Hand/Wilke
Martinistraße 52
2000 Hamburg 20

Teil I: Eine Anleitung für Betroffene

Einleitung

Dieses Selbsthilfeprogramm richtet sich an Menschen, die unter einer Platzangst bzw. – in der Fachsprache der Therapeuten – Agoraphobie leiden. Es wurde geschrieben, um ihnen zu helfen, diese Angst besser zu verstehen und – noch wichtiger! – sie durch konkretes Handeln zu überwinden.
Nachdem Sie diese Einleitung gelesen haben, schlagen Sie bitte Seite 19 auf. Dort finden Sie einen kurzen Text, der sich mit einem Aspekt Ihres Problems beschäftigt. Lesen Sie sich den Abschnitt sorgfältig durch, bis Sie alles verstanden haben. Sehen Sie sich danach die Frage unten auf der Seite 19 an. Lesen Sie die 4 vorgegebenen Antworten zu dieser Frage und wählen Sie *diejenige,* die Ihrer Meinung nach die Frage am besten beantwortet. Es können auch mehrere der vorgegebenen Antworten richtig sein. Haben Sie sich für eine oder mehrere Antworten entschieden, schlagen Sie bitte im Teil I Seite 71 dieses Lernprogramms auf, wo Sie einen Antwortbogen finden. Tragen Sie jetzt Ihre(n) Antwortbuchstaben a, b, c und/oder d an der dafür vorgesehenen Stelle ein, die mit S. 19 gekennzeichnet ist.
Nachdem Sie das gemacht haben, lesen Sie auf Seite 20 weiter: Dort können Sie kontrollieren, ob Sie sich für die richtige Antwort entschieden haben – die am meisten zutreffende Antwort ist mit **„Richtig!“** gekennzeichnet. Sind mehrere Antworten zutreffend, dann sind diese ebenfalls mit **„Richtig!“** gekennzeichnet.

Sie haben sich für die richtigen Antworten entschieden:

– arbeiten Sie nach dem gleichen Muster die weiteren Abschnitte durch.

Sie haben sich für eine falsche Antwort entschieden:

– lesen Sie bitte die Erklärungen auf Seite 20, wo Sie die zutreffenden Antworten und deren Begründung finden. Lesen Sie jetzt bitte erneut den Text und die Fragen auf Seite 19. Durch dieses Vorgehen geben Sie sich selbst die Sicherheit, jede Seite verstanden zu haben, bevor Sie sich mit etwas Neuem beschäftigen. Das ist sehr *wichtig!* Das Informations-Lernprogramm dieser Anleitung ist damit in gleicher Weise aufgebaut, wie die nachfolgenden Übungen in der Praxis; auch dort sollten Sie von einer Übung immer erst dann zur nächsten übergehen, wenn der gewünschte Erfolg wirklich eingetreten ist.
Sie sollten **auf keinen Fall** die Übungsfragen am Ende der einzelnen Abschnitte dieser Anleitung zur Selbsthilfe auslassen.

Nicht vergessen:

- tragen Sie für jede Frage immer Ihre Antwort in den Antwortbogen ein, *bevor* Sie kontrollieren, ob Sie die Frage richtig beantworten haben.

- lesen Sie dieses Übungsprogramm mehrmals, um sich zu vergewissern, daß Sie alles verstanden und den Inhalt im Gedächtnis behalten haben. Können Sie sich nicht gleich alles merken, lassen Sie sich nicht entmutigen:

- falls Sie etwas nicht verstehen sollten, schreiben Sie es auf, besprechen Sie es mit einer vertrauten Person und fragen Sie Ihren Therapeuten bei dem nächsten vereinbarten Termin.

Wie eine Agoraphobie zu erkennen ist

Als Agoraphobie bezeichnet man die Angst, das Haus alleine zu verlassen und sich allein und ohne fremde Hilfe außerhalb des Hauses zu bewegen. Besondere Angst besteht dabei häufig vor größeren Menschenmengen und vor geschlossenen Räumen, die man nicht jederzeit nach Belieben schnell verlassen kann – wie z.B. Straßen und Kaufhäuser in der Innenstadt, Busse, U-Bahnen, Kinos, Theater und ähnliche Situationen.
Viele Agoraphobikerinnen befürchten, völlig die Kontrolle über sich und ihre Körperreaktionen zu verlieren, dann extreme Angstanfälle (Panik) zu erleben und gar „durchzudrehen und verrückt zu werden" oder auch „umzufallen".
Die Agoraphobie ist aber *weder* eine Geisteskrankheit – wie z.B. die Schizophrenie – *noch* beruht sie auf körperlichen Erkrankungen. Körperliche wie seelische Erkrankungen können jedoch eine *scheinbare Agoraphobie* hervorrufen. Wenn Sie agoraphobische Symptome haben, sollte daher vor der Anwendung dieser Anleitung zur Selbsthilfe eine fachärztliche Absicherung erfolgen, daß Ihre Symptome auf einer Agoraphobie beruhen.
Aufgrund der beschriebenen Ängste und Befürchtungen neigen Agoraphobiker dazu, die Auslöse-Situationen zu vermeiden – und dieses **Vermeidungsverhalten** wird allmählich zur Regel, wodurch die Ängste dann noch weiter zunehmen.
Oft fühlen sie sich sicherer in Begleitung einer vertrauten Person und geraten dadurch in Abhängigkeit von solchen Begleitpersonen.

Frage: **Wovor hat eine Agoraphobikerin Angst?**

a) Vor weiten, freien Plätzen auf dem Lande

b) Vor Kontrollverlust in überfüllten öffentlichen Plätzen oder Räumen

c) Mit jemandem zu Hause zu bleiben

d) Mit anderen Menschen zusammen zu sein

Frage: **Wovor hat eine Agoraphobikerin Angst?**

Antworten:

a) Vor weiten, freien Plätzen auf dem Lande
Agoraphobie wird oft als reine Angst vor weiten, freien Plätzen (agora: altgriechisch für Marktplatz) verstanden. Ebenso häufig wie diese kommt aber auch eine Angst vor kleineren, geschlossenen Räumen vor.

b) Vor Kontrollverlust in überfüllten öffentlichen Plätzen oder Räumen
Richtig! Davor hat die Mehrheit der Agoraphobikerinnen Angst.

c) Mit jemandem zu Hause zu bleiben
Zu Hause zu bleiben statt auszugehen ist zwar ein häufiges Problem bei Agoraphobikerinnen, im allgemeinen fürchten sie sich dort jedoch nicht – es sei denn, sie sind allein.

d) Mit anderen Menschen zusammen zu sein
Im Gegenteil! Die Gegenwart einer Begleitperson – besonders, wenn es sich um eine vertraute Person handelt – kann die Angst verringern oder sogar verhindern. Es ist meist ein ausgeprägtes Bedürfnis nach Geselligkeit (Familie, Freundeskreis) vorhanden – nur größere Menschenmengen rufen Ängste hervor.

Körperliche Beschwerden bei Agoraphobie

Die Beschwerden (Symptome) entwickeln sich oft in einer bestimmten Reihenfolge:

1. Ihr Körper reagiert in alltäglichen Situationen so, als seien diese gefährlich und beängstigend.

2. Diese körperlichen Reaktionen versetzen Sie in Angst und Sorge.

3. Sie vermeiden alle Situationen, die Sie mit solchen Angstgefühlen in Verbindung bringen.

Um dies besser verstehen zu können, stellen Sie sich vor, wie Ihr Körper in einer wirklichen Gefahrensituation reagieren würde – z.B. bei einem gerade noch verhinderten schweren Verkehrsunfall: Ihr Herz würde schnell und stark schlagen, Ihr Magen würde sich „umdrehen" oder Sie würden schwitzen und zittern. Jeder reagiert in einer solchen Situation zwar etwas anders, jedoch kommt es fast immer zu einem „Schockgefühl". Bei der Agoraphobie scheinen diese Körperreaktionen automatisch bereits durch alltägliche und objektiv recht ungefährliche Situationen ausgelöst werden zu können.

Frage: **Wodurch unterscheiden sich agoraphobische Ängste von gewöhnlichen Ängsten oder einem Schock?**

a) Sie können schwer unter Kontrolle gebracht werden

b) Sie lösen unangenehme Körperreaktionen aus – wie z.B. Herzrasen

c) Es sind gleiche Reaktionen wie Ängste vor oder in konkreten Gefahrensituationen; sie werden aber schon durch objektiv eher harmlose Situationen ausgelöst

d) Alle Antworten sind richtig

Frage: **Wodurch unterscheiden sich agoraphobische Ängste von gewöhnlichen Ängsten oder einem Schock?**

Antworten:

a) Sie können schwer unter Kontrolle gebracht werden
Nein, sie unterscheiden sich dadurch nicht. Keine Angst – ob bei Agoraphobie oder anders verursacht – kann leicht unter Kontrolle gebracht werden.

b) Sie lösen unangenehme Körperreaktionen aus – wie z.B. Herzrasen
Nein, dadurch unterscheiden sie sich nicht. Jede Art von Angst kann unangenehme Körperreaktionen – wie z.B. Herzrasen – auslösen.

c) Sie sind gleiche Reaktionen wie Ängste vor oder in konkreten Gefahrensituationen; sie werden aber schon durch objektiv eher harmlose Situationen ausgelöst
Richtig! Zwischen dem Erleben extremer Angst und agoraphobischer Panik gibt es im Hinblick auf körperliche und Gefühlsreaktionen keine Unterschiede. Nur die auslösenden Situationen sind unterschiedlich.

d) Alle Antworten sind richtig
Falsch. Lesen Sie bitte den Text auf Seite 21 nochmals durch.

Wie eine Agoraphobie entstehen kann

Es ist nicht immer möglich herauszufinden, wodurch die beschriebenen **übermäßigen Körperreaktionen,** die zur ersten Panikreaktion führten, ausgelöst wurden. Manchmal beginnen sie nach einer körperlichen Krankheit oder Schwangerschaft – zu einem Zeitpunkt also, zu dem die Widerstandskraft des Körpers gering ist. Mitunter treten sie auch erstmals nach einem emotionalen Schock auf (z.B. plötzlicher Tod oder anderweitiger Verlust wichtiger Beziehungspersonen wie Eltern oder Lebenspartner). Häufig entwickeln sie sich aber auch in Zeiten länger dauernder innerer Anspannung, die etwa durch nicht lösbar erscheinende eheliche (partnerschaftliche), familiäre oder berufliche Probleme bedingt sein können.
Was immer die Ursache war: Wenn es ein paarmal zu situationsgebundenen Angstreaktionen gekommen ist, treten sie unter den oben genannten Umständen rasch immer häufiger in solchen Situationen auf. Der Grund dafür ist eine bestimmte Art des Lernens, die wir „Konditionierung" nennen. Um das besser zu verstehen, denken Sie an ein Kind, das zum ersten Mal einen Hund sieht: Wenn dieser Hund unglücklicherweise laut bellt und dem Kind Furcht einflößt, wird es das nächste Mal, wenn es einen Hund sieht, nervös werden oder gar weglaufen – es entwickelt bei häufigerer Wiederholung dieses Vorganges eine „Hunde-Phobie".
Konditionierung bedeutet, daß Furchtreaktionen mit bestimmten „Auslösern" (Dingen oder Plätzen) in Zusammenhang gebracht werden. Diese gedanklichen Verknüpfungen werden völlig automatisch gelernt – ob man dies nun will oder nicht will.

Frage: **Was bedeutet „Konditionierung"?**

a) Die gedankliche Verbindung einer bestimmten Reaktion mit einer bestimmten Situation, z.B. Lernen einer Furchtreaktion auf eine bestimmte Situation

b) Körperliche Überreaktionen auf Alltagsbelastungen nach einer Krankheit

c) Es handelt sich um einen Lernprozeß

d) Alle Antworten sind richtig

Frage: **Was bedeutet „Konditionierung"?**

Antworten: **a) Die gedankliche Verbindung einer bestimmten Reaktion mit einer bestimmten Situation, z.B. Lernen einer Furchtreaktion auf eine bestimmte Situation**

Richtig! „Konditionierung" beschreibt die Art, wie jeder lernt, automatisch (oder reflexartig) auf bestimmte Dinge oder Plätze zu reagieren. Wenn zufällig wiederholt Herzrasen in einer bestimmten Situation (z.B. U-Bahn) wahrgenommen wurde, kann sich die Erwartung entwickeln, daß U-Bahnfahren Herzrasen auslöst und dadurch gefährlich ist.

b) Körperliche Überreaktionen auf Alltagsbelastungen nach einer Krankheit

Nein. Dadurch können zwar auch Panikgefühle ausgelöst werden – der Begriff „Konditionierung" besagt jedoch, daß diese Gefühle später mit bestimmten Dingen oder Plätzen gedanklich verknüpft werden.

c) Es handelt sich um einen Lernprozeß

Ja. Aber diese Antwort ist nicht ausreichend.

d) Alle Antworten sind richtig

Falsch. Lesen Sie bitte den Text auf Seite 23 nochmals durch.

Wodurch eine Agoraphobie sich verfestigt

Die erste Furchtreaktion eines Kindes gegenüber einem Hund ist nicht unnormal, da einige Hunde durchaus gefährlich sein können und Vorsicht daher durchaus angebracht ist. Mit der Zeit (vorausgesetzt, das Kind hat Kontakt mit friedlichen Hunden und wird nicht bedroht oder gar gebissen), wird die automatisch konditionierte Angst verschwinden – aber wenn das Kind nach dem ersten angsterregenden Erlebnis Hunde meidet, kann die Angst weiterbestehen und sogar zunehmen.
Wenn dies geschieht, kann es zu einer dauerhaften Angst vor Hunden kommen – einer sogenannten „Hunde-Phobie".
Bezogen auf die Agoraphobie läßt sich sagen: Die Panikreaktionen werden durch den gleichen Konditionierungsprozeß mit bestimmten Situationen verknüpft. Oft genügt schließlich sogar die bloße Vorstellung solcher Situationen, um die Panikreaktion auszulösen. **Selbst wenn die ursprünglichen „Ursachen" für die Entstehung der Agoraphobie bzw. der ersten Panikgefühle schon längst wieder verschwunden sind, kann die erlernte (konditionierte) Angst bestehen bleiben!** Aus dieser Angst heraus werden nämlich alle Situationen, die gedanklich mit der Panikreaktion verknüpft sind, auch weiterhin vermieden; eine sogenannte „Realitäts-Testung" wird nicht mehr durchgeführt. Dies hat zur Folge, daß die objektive Ungefährlichkeit der phobischen Auslösesituation gar nicht mehr erfahren werden kann. Die auslösende Situation bleibt in der Phantasie „gefährlich", d.h.: **die Phobie bleibt bestehen!.** Es ist ein sogenannter „Teufelskreis" aus Erwartungsangst (Angst vor der Angst) und Meidungsverhalten entstanden, der nachhaltig verhindert, daß die Wirklichkeit (Realität) im Hinblick auf die phobischen Situationen überhaupt noch erfahren werden kann: wer aus Angst vor deren Gefährlichkeit z.B. U-Bahnen meidet, kann deren relative Harmlosigkeit und Vorzüge auch nicht mehr erfahren.

Frage: **Was sollte man tun, wenn ein Kind von einem bissigen Hund in Furcht versetzt wurde?**

a) Das Kind in der nächsten Zeit von Hunden fernhalten

b) Dem Kind sagen, es solle das nächste Mal tapferer sein

c) Dem Kind Süßigkeiten geben, um es wieder aufzuheitern

d) Das Kind mit einem friedlichen Hund zusammenbringen

Frage: **Was sollte man tun, wenn ein Kind von einem bissigen Hund in Furcht versetzt wurde?**

Antworten: **a) Das Kind in der nächsten Zeit von Hunden fernhalten**
Nein. Wenn das Kind von Hunden ferngehalten wird, bleibt die konditionierte Angst bestehen und nimmt möglicherweise sogar zu.

b) Dem Kind sagen, es solle das nächste Mal tapferer sein
Nein. Sie vermitteln dem Kind damit nur, daß es versagt hat und Sie enttäuscht hat, da es „feige“ war. Dies wird seine Angst und seinen Verlust an Selbstvertrauen durch das Erlebnis nur noch verstärken! Das Kind sollte stattdessen mit Ihrer Hilfe eine andere, „bessere“ Erfahrung mit „freundlicheren“ Hunden machen.

c) Dem Kind Süßigkeiten geben, um es wieder aufzuheitern
Sie können das Kind dadurch vermutlich wieder aufmuntern. Dies allein wird zwar kaum die gerade erlernte Angst vor Hunden beheben – nachdem sich die Angstreaktion so wieder gelegt hat, haben Sie aber viel bessere Chancen, das Kind zu ermutigen, mit Ihrer Hilfe sich erneut einem Hund zu nähern und eine bessere Erfahrung zu machen.

d) Das Kind mit einem friedlichen Hund zusammenbringen
Richtig! Dieses Verhalten wird die konditionierte Angst vor dem einen „bösen“ Hund verringern und verhindern, daß sich die Angst auf alle Hunde ausdehnt – ohne daß das Kind seine angemessene Vorsicht vor bissigen Hunden verliert.

Zusammenfassung

1. Die Agoraphobie beginnt häufig mit Panikreaktionen, die scheinbar aus „heiterem Himmel“ kommen (mögliche Ursachen s.S. 1,23).

2. Die Wahrscheinlichkeit, daß solche Ängste auftreten, ist größer, wenn Sie alleine und/oder von Ihrer Wohnung entfernt sind.

3. Die Angstreaktionen werden mit bestimmten Situationen, in denen sie schon einmal aufgetreten sind, verknüpft (Konditionierung). Wenn Sie z.B. durch wiederholtes Erleben von Angst- oder Panikreaktionen in Kaufhäusern die Annahme und die Erwartung entwickelt haben, daß Kaufhäuser immer Angst auslösen, dann wird dies auch so gesehen. Dies kann schließlich sogar dazu führen, daß allein der Gedanke an die Auslösesituation (z.B. Kaufhaus) so starke körperliche Reaktionen auslöst wie ein tatsächlicher Aufenthalt dort.

4. Diese Konditionierung führt zur Vermeidung solcher Situationen – anfangs vielleicht nur an Tagen, wo es einem besonders schlecht geht, später dann regelmäßig, da die „Angst vor der Angst“ nach jeder Meidung zunimmt.

5. Eine Agoraphobie kann auch allmählich mit im Vordergrund stehendem, zunehmendem Meidungsverhalten aufgrund ängstlicher Erwartung entstehen, ohne daß in den phobischen Situationen regelrechte Panikgefühle erlebt werden. Das Erleben von situationsgebundenen Panikzuständen ist also weniger entscheidend für die Aufrechterhaltung einer Agoraphobie als das beschriebene Meidungsverhalten.

6. Manche Agoraphobikerinnen erleben häufig situationsgebundene Ängste oder Panikgefühle, obwohl sie sich zwingen, diese Situationen regelmäßig aufzusuchen. Trifft das auch auf Sie zu, dann sollten Sie vor Anwendung dieses Übungsprogramms *auf jeden Fall* einen Arzt und (oder) einen Verhaltenstherapeuten um Rat fragen! Es kann dafür Ursachen geben, auf die wir hier nicht näher eingehen können.

Frage: Was ist Agoraphobie?

a) Eine schwere geistig-seelische Erkrankung, wie die Schizophrenie

b) Die Folge einer körperlichen Erkrankung

c) Eine erlernte Reaktion im Fühlen, Denken und Handeln

d) Ein Hinweis auf einen Mangel an Willenskraft

Frage: **Was ist Agoraphobie?**

Antworten:

a) Eine schwere geistig-seelische Erkrankung, wie die Schizophrenie

Nein, beide Erkrankungen sind grundverschieden! Schlagen Sie nochmals Seite 19 auf und lesen Sie den betreffenden Abschnitt durch.

b) Die Folge einer körperlichen Erkrankung

Nein. Zwar mag sich die erste Panikreaktion einer körperlichen Erkrankung anschließen, doch gibt es keinen Grund anzunehmen, daß Agoraphobiker in irgendeiner Art körperlich krank sind! (Vorsicht jedoch bei scheinbarer Agoraphobie). Lesen Sie bitte nochmals das Vorwort.

c) Eine erlernte Reaktion im Fühlen, Denken und Handeln

Richtig! Als erstes wird gewöhnlich die gefühlsmäßige Reaktion (Angst) gelernt – gefolgt von verändertem Denken (die bisher als harmlos erachtete Auslösesituation wird zunehmend als gefährlich angesehen) und Handeln (Meidung der entsprechenden Situationen).

d) Ein Hinweis auf einen Mangel an Willenskraft

Nein, bei einer Agoraphobikerin liegt genauso wenig ein Mangel an Willenskraft vor wie bei jemandem, der bei lauten Geräuschen zusammenzuckt! Lesen Sie bitte nochmals den Text auf Seite 21.

Wie die Agoraphobie aufrechterhalten wird

Man könnte nach den bisherigen Ausführungen nun annehmen, die konditionierten Angstreaktionen würden langsam verschwinden, wenn die Agoraphobikerin ihre Angst einfach ignorieren und weiter aus dem Hause gehen würde.
Warum geschieht dies nicht?
Die „natürliche“ Reaktion auf nicht verständliche Angstgefühle besteht eben darin, die Situationen, in denen solche Ängste auftreten, zu vermeiden. In diesem Verhalten liegt der Hauptgrund für das Weiterbestehen der Agoraphobie.
Unglücklicherweise verstärkt dieses Vermeidungsverhalten dann seinerseits die konditionierten Angstreaktionen: Je länger das Vermeidungsverhalten andauert, um so stärker wird die Angst.
Nahestehende Personen glauben oft, einer Agoraphobikerin zu helfen, indem sie alles für sie tun, damit sie nicht in für sie angstbesetzte Situationen gehen muß. Diese – gutgemeinte – Hilfsbereitschaft verstärkt jedoch noch zusätzlich das Vermeidungsverhalten! Sie sehen, die Lage wird immer schwieriger, obwohl alle nach bestem Vermögen und mit besten Absichten handeln.
Agoraphobikerinnen trauen sich oft nur dann in angstbesetzte Situationen, wenn vertraute Personen sie begleiten. Das liegt daran, daß solche Personen Sicherheit in angstbesetzten Situationen geben. Problematisch daran ist, daß die Abhängigkeit von anderen genauso zur Gewohnheit werden kann, wie das schon beschriebene Vermeiden angstbesetzter Situationen. Hier liegt also ein weiterer, völlig unbeabsichtigter Risikofaktor dafür vor, daß die Ängste sich verfestigen und chronisch werden.

Frage: **Was geschieht, wenn Sie ein Kaufhaus vermeiden, in dem Sie Panikgefühle erlebt haben?**

a) Es wird immer schwieriger für Sie werden, diese Situation aufzusuchen

b) Nach einer gewissen Zeit werden Sie sich wieder besser fühlen und ohne Schwierigkeiten in diese Situation gehen können

c) Sie finden jemand anderen, der für Sie in dieses Geschäft geht

d) Alle Aussagen sind richtig

Frage: **Was geschieht, wenn Sie ein Kaufhaus vermeiden, in dem Sie Panikgefühle erlebt haben?**

Antworten: **a) Es wird immer schwieriger für Sie werden, diese Situation aufzusuchen**

Richtig! Vermeidungsverhalten führt zur Verstärkung der erlernten Angst.

b) Nach einer gewissen Zeit werden Sie sich wieder besser fühlen und ohne Schwierigkeiten in diese Situation gehen können

Nein. Das Abwarten – in der Hoffnung, daß Zeit allein eine Verbesserung bewirkt – wird erfahrungsgemäß eher den gegenteiligen Effekt bewirken.

c) Sie finden jemand anderen, der für Sie in dieses Geschäft geht

Richtig! Die meisten Agoraphobikerinnen haben oder finden solche „Helfer". Mit diesem Verhalten fördern Sie daher nur, daß sich das Vermeidungsverhalten als Gewohnheit festsetzt und die Angst stärker wird. So helfen Sie sich selbst nicht!

d) Alle Aussagen sind richtig

Nein. Nur die Antworten a) und c) sind richtig.

Angst vor der Angst: Ein Teufelskreis

Wenn Sie in einer gefährlichen Situation Angst bekommen, werden Sie in der Regel etwas unternehmen wollen, um die Gefahr abzubauen. Bei Agoraphobikerinnen scheint das gleiche Angstgefühl jedoch durch objektiv eher harmlose und von ihnen auch kaum zu verändernde Situationen ausgelöst zu werden. Deshalb scheint auch keine Möglichkeit zu bestehen, etwas dagegen zu tun. Aus diesem Grunde konzentrieren Agoraphobikerinnen sich besonders stark auf die körperlichen Begleitreaktionen ihrer Angst – und gerade dadurch wird die Angst verstärkt!
Agoraphobikerinnen können eine oder mehrere der folgenden Begleitreaktionen der Angst entwickeln: Herzjagen; Atemnot; Schwächegefühl in den Beinen; Zittern am ganzen Körper; Schwindelgefühl; Gefühl, alles nur noch „wie im Traum“ zu erleben. Zusätzlich können sie befürchten, in Ohnmacht zu fallen (mit den unterschiedlichsten Folgen); einen Herzanfall zu erleiden; sich lächerlich zu machen; durchzudrehen und „wahnsinnig“ zu werden und völlig die Kontrolle über ihren Körper und ihr Verhalten zu verlieren. Je mehr Sorgen Sie sich über solche Mißempfindungen machen, desto mehr wird Ihre Angst zunehmen und in den Auslösesituationen immer regelmäßiger auftreten.
Es ist nur zu leicht, in den Teufelskreis der sich wechselseitig verstärkenden „Angst vor der Angst“ und von Meidungsverhalten zu geraten!
Bei Agoraphobikerinnen besteht jedoch kein größeres Risiko, daß ihnen eine der befürchteten „Katastrophen“ zustößt, als bei jedem anderen Menschen!

Frage: **Agoraphobische Symptomatik beinhaltet oft:**

a) Sich verrückt aufzuführen

b) Körperliche Schwächezustände oder Fremdheitsgefühle

c) Zusammenbruch durch körperliche Überanstrengung

d) Keine bestimmten Gefühle

Frage: **Agoraphobische Symptomatik beinhaltet oft:**

Antworten:

a) Sich verrückt aufzuführen
Nein. Agoraphobiker befürchten zwar oft, etwas Verrücktes zu tun; sie tun es aber nie bzw. nicht häufiger als „normale" Personen.

b) Körperliche Schwächezustände oder Fremdheitsgefühle
Richtig! Diese und ähnliche Gefühle treten sehr häufig auf und sind – obwohl sie gefährlich erscheinen – völlig harmlos. Die Angst, aus dem Schwächegefühl heraus schließlich auch „umzufallen" oder aus den körperlichen Fremdheitsgefühlen heraus unmittelbar vor einer medizinischen Notfallsituation zu stehen, ist unter Agoraphobikerinnen recht verbreitet. Die weitaus meisten sind jedoch nie „umgefallen" und hatten nie eine medizinische Notfallsituation. Auch hier ist „die Angst vor der Angst" also das größte Problem.

c) Zusammenbruch durch körperliche Überanstrengung
Agoraphobikerinnen befürchten oft, zusammenzubrechen – doch besteht bei ihnen kein größeres Risiko als bei anderen Menschen. Oft setzen sie sich kaum körperlichen Anstrengungen aus, wodurch sie dann beim Üben schnell erschöpft sind. Diese Ermüdungserscheinungen sind jedoch harmlos und nehmen mit häufigerem Üben ab.

d) Keine bestimmten Gefühle
Falsch. Agoraphobikerinnen reagieren mit intensiven Gefühlen auf Situationen, die für die meisten Menschen harmlos erscheinen. Solchen „normalen" Mitmenschen sind die entsprechenden Reaktionen daher – zumindest, wenn sie sie die ersten Male miterleben und nicht aufgeklärt werden – so unverständlich, wie sie dem Betroffenen selbst peinlich sind.

Wie Sie Ihre Agoraphobie durch Selbsthilfe überwinden können

Konfrontation mit der Angst

Wenn Sie bis hierher gelesen haben, haben Sie vielleicht schon eine Vorstellung, wie Agoraphobikerinnen geholfen werden könnte: Mit genau gegensätzlichem Verhalten zu dem, das die Ängste aufrecht erhält!
Der wichtigste Schritt ist, das Vermeidungsverhalten in angstbesetzten Situationen aufzugeben. Praktisch heißt das: Sie sollten in die angstbesetzten Situationen gehen und solange darin bleiben, bis Sie Ihre Angst überwunden haben. Das ist natürlich viel leichter gesagt als getan! Wie es versucht werden kann, dazu werden wir auf den folgenden Seiten eine Reihe konkreter, in langjähriger klinischer Praxis erprobte Vorschläge machen.
Da sich die Angst über eine lange Zeit entwickelt hat, bedarf es auch hinreichender Zeit, um sie zu überwinden. Das heißt, Sie müssen sich so lange immer wieder mit für Sie angstbesetzten Situationen konfrontieren, bis Sie Ihr Selbstvertrauen wiedergefunden haben. Mit anderen Worten: Eine Agoraphobikerin sollte täglich üben, ihre gewohnte Umgebung zu verlassen und in Geschäfte zu gehen, Bus zu fahren usw., kurzum – **sich immer wieder mit ihren Ängsten zu konfrontieren!**
Natürlich können Sie nicht alles auf einmal machen: Jede Situation sollte schrittweise geübt und ein Schritt nach dem anderen gemacht werden. Sie bauen Ihr Selbstverständnis am besten auf, wenn Sie mit leichteren Übungen beginnen und gestuft auf schwierigere Situationen übergehen.

Frage: Was erwarten Sie, wenn Sie eine vorher gemiedene angstbesetzte Situation zum ersten Mal erfolgreich geübt haben?

a) Diese Situation wird für Sie jetzt problemlos sein

b) Diese Situation wird das nächste Mal sogar noch mehr Angst auslösen als vorher

c) Es wird sich durch diese eine erfolgreiche Übung überhaupt nichts ändern

d) Das Üben in dieser Situation wird das nächste Mal wahrscheinlich leichter fallen

Frage: **Was erwarten Sie, wenn Sie eine vorher gemiedene angstbesetzte Situation zum ersten Mal erfolgreich geübt haben?**

Antworten: **a) Diese Situation wird für Sie jetzt problemlos sein**
Sie können Ängste, die sich über Jahre hindurch entwickelt und verfestigt haben, in der Regel nicht **so schnell** wieder abbauen.

b) Diese Situation wird das nächste Mal sogar noch mehr Angst auslösen als vorher
Im Gegenteil: in der Regel erschwert nur das Vermeiden angstbesetzter Situationen oder das Erleben von Panik das erneute Aufsuchen solcher Situationen.
Lesen Sie den Text ab Seite 33 noch einmal.

c) Es wird sich durch diese eine erfolgreiche Übung überhaupt nichts ändern
Es ist zwar nicht in jedem Fall sofort eine deutliche Verringerung Ihrer Ängste zu erwarten, doch können Sie durch weiteres Üben in diesen Situationen die Angst spürbar reduzieren.

d) Das Üben in dieser Situation wird das nächste Mal wahrscheinlich leichter fallen
Richtig! Zwar wird der Erfolg nicht immer sofort sichtbar, weil Sie immer wieder Höhen und Tiefen erleben werden – aber in aller Regel werden Ihnen die Situationen von Mal zu Mal leichterfallen.

Schritt für Schritt unabhängig werden

Übungen in Situationen, die jahrelang gemieden wurden, sind selbst erst einmal angstauslösend. Sogar die Vorstellung, in diese Situationen zu gehen, wird bei Ihnen möglicherweise schon Angst auslösen. Stellen Sie sich deshalb ruhig darauf ein, daß Sie Angstzustände bekommen werden (ja, aus unserer Sicht sogar sollten), um dann zu lernen, mit der Angst besser umzugehen. (Das „Wie" erläutern wir später).
Das heißt zwar nicht, daß Sie sich die ganze Zeit zwingen sollen, in einem Zustand von Panik zu sein; es ist jedoch von größter Bedeutung, daß Sie beim Üben ein gewisses Maß an Angst erleben, ohne sich dann selbst weiter hineinzusteigern. Wenn Sie sich beim Üben Zeit lassen und nicht aus der Situation flüchten, wird die dort aufgetretene Angst am gleichen Ort nach einiger Zeit wieder nachlassen.
Es ist keine Lösung Ihres Problems, andere in für Sie angstbesetzte Situationen – wie z.B. zum Einkaufen – zu schicken. Dadurch machen Sie sich nur abhängig. Die gutgemeinte Hilfe und Sympathie Ihrer Mitmenschen bei Ihrer Meidung kann dazu führen, daß Sie nur

noch mehr über Ihre Probleme grübeln, während andere Ihre Aufgaben erledigen. Auf diese Weise lernen Sie nichts dazu.

Nur Sie selbst können erfolgreich etwas gegen diese Ängste unternehmen

Das Gleiche gilt im Prinzip für Ihre mögliche Abhängigkeit von Beruhigungsmitteln: Diese mögen Ihnen – gerade auch in der Wartezeit bis zur Therapie – den Umgang mit den Ängsten erleichtern (ähnlich wie dies auch Alkohol könnte). Doch um jetzt das Selbstvertrauen wieder zu erlangen, eigenständig mit Ihrer Angst umgehen zu können, sind solche „Krücken" eher hinderlich und machen es Ihnen schwer, erzielte Erfolge beim Üben allein Ihrer eigenen Leistung zuzuschreiben. Beruhigungsmittel sollten Sie daher nur noch „im äußersten Notfall" nehmen – und auch dann erst, nachdem Sie alles versucht haben, diese Extremsituation eigenständig zu bewältigen.
Eine ähnliche Gefahr, „abhängig" zu werden, besteht zwar grundsätzlich auch, wenn Sie sich nur noch in Begleitung einer anderen Person außer Haus wagen. Der helfende Begleiter bei diesem Übungsprogramm sollte Sie jedoch nicht beruhigen oder durch seine Gegenwart angstfrei machen, sondern er sollte Sie ermutigen, Angst zu erleben, auszuhalten und zu bewältigen und damit aktive Schritte zur Selbständigkeit zu machen. Im Gegensatz dazu dient die Einnahme von Beruhigungsmitteln in der Regel der Betäubung – und nicht der Bewältigung – von Angstgefühlen. Dies gelingt meistens nur durch ständige Dosiserhöhung des Mittels mit Zunahme der Abhängigkeit davon. Im schlimmsten Fall kann sich daraus eine eigenständige Suchterkrankung entwickeln.
Dringender Rat: Wenn Sie bisher Beruhigungsmittel (Tranquilizer) eingenommen haben, so reden Sie mit einem Arzt darüber, wie und in welchem Zeitraum vor Beginn der Übungen Sie diese am besten reduzieren und absetzen können (wichtig: im Gegensatz zu Beruhigungsmitteln behindern Mittel gegen Depressionen Ihre Übungen kaum; bei bestehender Depression können sie anfangs sogar eine gute Hilfe für die Aufnahme der Übungen sein).

Frage: **Vor den Übungen sollten Sie:**

a) Ein Beruhigungsmittel einnehmen

b) Beruhigungsmittel rechtzeitig vorher absetzen

c) Beruhigungsmittel nehmen, sobald Panikerlebnisse auftreten

d) Medikamente gegen Depressionen absetzen

Frage: **Vor den Übungen sollten Sie:**

Antworten:

a) Ein Beruhigungsmittel einnehmen
Nein. Wenn Sie vor den Übungen Beruhigungsmittel einnehmen, werden Sie kaum lernen, Ihre Ängste selbst aktiv zu bewältigen und sich wieder auf sich selbst zu verlassen.

b) Beruhigungsmittel rechtzeitig vorher absetzen
Richtig! Auf diese Weise gewinnen Sie am schnellsten wieder Vertrauen zu sich selbst im Hinblick auf den Umgang mit Angstgefühlen.

c) Beruhigungsmittel nehmen, sobald Panikerlebnisse auftreten
Nein. Wenn Sie schon Panik haben, ist es zu spät, eine Tablette zu nehmen, da so schnell gar keine Wirkung einsetzen kann. Sollten Sie in der Vergangenheit unmittelbar nach Einnahme eines Beruhigungsmittels einen Angstabbau erlebt haben, dann lag das an Ihrem Vertrauen (Glauben) an die Wirksamkeit des Medikamentes – nicht an dessen chemischer Wirkung! Lernen Sie stattdessen lieber, sich wieder selbst zu trauen und an Ihre eigenen Fähigkeiten zu glauben. Das geht am schnellsten, wenn Sie sich bei den Übungen auf das Risiko einlassen, auftretende Ängste und Panikzustände aktiv und ohne Beruhigungsmittel zu bewältigen. Wie Sie das machen können, erklären wir später.

d) Medikamente gegen Depressionen absetzen
Nein, wenn Sie aufgrund von Depressionen von Ihrem Arzt ein sogenanntes „Antidepressivum“ verschrieben bekommen haben, sollten Sie dies vor Beginn der Übungen nicht absetzen. Wenn Ihre Übungen erfolgreich verlaufen – und Ihre Depressionen ursprünglich eine Folge der Behinderungen durch die Agoraphobie waren – könnten Sie nunmehr, in enger Absprache mit Ihrem Arzt, versuchen, das Medikament schrittweise abzusetzen.

Zusammenfassung

1. Üben Sie täglich in für Sie angstbesetzten Situationen.

2. Beginnen Sie mit leichten Übungssituationen.

3. Stellen Sie sich darauf ein, daß Sie beim Üben Angst erleben werden. Zweck dieser Übungen ist es zu lernen, besser mit den Ängsten umgehen zu können und sich nicht in Panik hineinzusteigern.

4. Setzen Sie Beruhigungsmittel in Absprache mit Ihrem Arzt schrittweise so ab, daß Sie bereits mindestens 1 Woche vor Übungsbeginn keine mehr eingenommen haben.

5. Vermeiden Sie, sich von anderen abhängig zu machen oder über Ihre Probleme und Symptome zu grübeln. Konzentrieren Sie sich darauf, sich selbst zu helfen!

Frage: Welcher Vorschlag ist für eine Agoraphobikerin falsch?

a) Üben Sie schrittweise

b) Nehmen Sie Beruhigungsmittel vor Übungssitzungen ein

c) Üben Sie täglich

d) Lassen Sie sich angstauslösende Alltagsaufgaben von anderen abnehmen, um sich unnötigen Streß zu ersparen

Frage: **Welcher Vorschlag ist für eine Agoraphobikerin falsch?**

Antworten: **a) Üben Sie schrittweise**
Dies ist ein hilfreicher Vorschlag für eine Agoraphobikerin, weil durch die so erleichterte Bewältigung einfacherer Belastungssituationen Vertrauen für schwierigere Übungsschritte aufgebaut werden kann.

b) Nehmen Sie Beruhigungsmittel vor Übungssitzungen ein
Richtig! Dies wäre ein falscher Vorschlag. Beruhigungsmittel verzögern oder verhindern das Erlernen von Selbstkontrolle und Angstbewältigung.

c) Üben Sie täglich
Dieser Vorschlag ist sehr wichtig, weil tägliches Üben unbedingt erforderlich ist, um mit den Ängsten besser umgehen zu lernen.

d) Lassen Sie sich angstauslösende Alltagsaufgaben von anderen abnehmen, um sich unnötigen Streß zu ersparen
Richtig! Dies wäre ein falscher Vorschlag. Auf lange Sicht hilft es Ihnen nicht, andere für sich in angstbesetzte Situationen gehen zu lassen. So verstärken Sie nämlich nur Ihr Vermeidungsverhalten.

Die Übungen zur Selbsthilfe

1. Schritt: Entscheidung für klare Übungsziele

Entscheiden Sie zuerst ganz genau, was Sie erreichen wollen. Mit anderen Worten: Legen Sie konkrete Ziele fest, die Sie mit Hilfe dieser Anleitung zur Selbsthilfe erreichen wollen. Es reicht nicht, wenn Sie sagen: Ich möchte, daß es mir wieder gut geht und ich keine Ängste mehr habe.

Dies ist zwar sicherlich das allgemein formulierte Endziel Ihrer Bemühungen. Zu dessen Erreichung benötigen Sie aber eine Reihe kleinerer, konkreter Zwischenziele in der alltäglichen Lebensführung.

Beispiele dafür könnten sein: „Ich will in die Lebensmittelabteilung des Supermarktes gehen" oder „Ich will **allein** mit dem Bus eine festgelegte Anzahl von Stationen fahren".

Machen Sie eine schriftliche Aufstellung derjenigen Aktivitäten, die Sie gerne (wieder) tun würden, wenn Sie angstfrei wären. Vergessen Sie dabei auch nicht, schwierige Dinge (wie z.B. lange Reisen) mit auf die Liste zu nehmen, die Sie seit Jahren vermieden haben. Tragen Sie alles, was Sie eines Tages gerne tun möchten – aber bislang aufgrund Ihrer Ängste noch nicht umsetzen können – als **Langzeitziel** in Ihre Liste ein.

Bringen Sie zum Schluß alle Punkte, die sich auf Ihrer Liste befinden, in eine bestimmte Reihenfolge: Setzen Sie die leichtesten Ziele ganz oben auf Ihre Liste und ordnen Sie alle anderen Punkte nach größer werdenden Schwierigkeitsgraden darunter, so daß die für Sie schwierigste Situation ganz unten steht.

Schreiben Sie diese Reihenfolge sorgfältig auf – Sie werden diese Liste später brauchen!

Frage: Welches der folgenden Übungsziele erscheint Ihnen konkret und hilfreich?

a) Spazierengehen

b) Jeden Tag in angstbesetzte Situationen gehen

c) Allein mit dem Bus eine festgelegte Anzahl von Stationen fahren

d) Beim Einkauf im Supermarkt ruhig bleiben

Frage: **Welches der folgenden Übungsziele erscheint Ihnen konkret und hilfreich?**

Antworten:

a) Spazierengehen
Spazierengehen ist kein hinreichend genau formuliertes Übungsziel. Wie lange soll der Spaziergang dauern? Wie weit wollen Sie gehen, bis Sie das Gefühl haben, diese Übung erfolgreich beendet zu haben? Wo wollen Sie den Spaziergang machen – im Park oder in einer (überfüllten) Einkaufsstraße?

b) Jeden Tag in angstbesetzte Situationen gehen
Natürlich sollen Sie jeden Tag üben, aber auch dies ist kein konkretes Übungs**ziel.**

c) Allein mit dem Bus eine festgelegte Anzahl von Stationen fahren
Richtig! Hier handelt es sich um eine brauchbare Beschreibung eines Übungszieles. Es ist so genau beschrieben, daß Sie wissen, wann Sie die Übung erfolgreich beendet haben.

d) Beim Einkauf im Supermarkt ruhig bleiben
Sich jedesmal selbst zu sagen: „Versuche, ruhig zu bleiben", ist keine sinnvolle Übungszielbeschreibung. Dieser vage Satz beinhaltet nicht, was Sie genau tun wollen.

Warum eine genaue Beschreibung der Übungsziele so wichtig ist

Die Agoraphobie kann nicht wie eine körperliche Krankheit behandelt werden. Sie müssen Ihr Verhalten ändern! Sie können sich das so vorstellen: Die Phobie zeigt sich auf 3 verschiedenen Verhaltens-Ebenen, nämlich:

1. durch Gefühle (der Angst),

2. durch Gedanken (was für schreckliche Dinge passieren könnten),

3. durch motorisches, nach außen erkennbares Verhalten (Situationen vermeiden).

Das Gesamtverhalten entsteht aus dem Wechselspiel der beiden „inneren" (1. und 2.) und des „äußeren" (3.) Verhaltens. Den Abbau der Agoraphobie könnten Sie aber am schnellsten durch Veränderungen auf der „äußeren" Verhaltensebene einleiten. Das wird nachfolgend zu einer Veränderung der Angstgefühle und -gedanken führen. Um Ihr äußeres Verhalten ändern zu können, benötigen Sie eine genaue Beschreibung der Übungsziele. Die Beschreibungen müssen so exakt sein, daß bei den Übungen Mißverständnisse ausgeschlossen sind! Außerdem sollten die Übungsziele auch deshalb ganz eindeutig beschrieben sein, damit Sie nachher nicht im Zweifel darüber sind, ob eine Übung erfolgreich war oder nicht. Solange Ihre Liste genügend genaue Verhaltensweisen enthält, werden Sie damit im Behandlungsverlauf Ihre Fortschritte überprüfen können.

Frage: **Welches der folgenden Übungs-Ziele ist so klar beschrieben, daß es für eine Agoraphobikerin hilfreich sein kann?**

a) Einkaufen

b) Mittwochmorgen für 1 Stunde in den Supermarkt zum Einkaufen gehen, wenn er noch ziemlich leer ist

c) Möglichkeiten herausfinden, wie man sich in überfüllten Geschäften wohlfühlen kann

d) Keines

Frage: **Welches der folgenden Übungs-Ziele ist so klar beschrieben, daß es für eine Agoraphobikerin hilfreich sein kann?**

Antworten: **a) Einkaufen**
Dies ist zwar eine gute Idee, sie ist aber noch nicht genau genug formuliert.

b) Mittwochmorgen für 1 Stunde in den Supermarkt zum Einkaufen gehen, wenn er noch ziemlich leer ist

Richtig! Dieses Ziel beschreibt klar und deutlich, was Sie tun wollen

c) Möglichkeiten herausfinden, wie man sich in überfüllten Geschäften wohlfühlen kann
Nein, dies ist kein Verhaltensziel. Sicher wollen Sie sich besser fühlen; doch dieses Ziel können Sie nur erreichen, indem Sie neue Verhaltensweisen einüben.

d) Keines
Auch dies wäre eine falsche Antwort. Eine dieser Möglichkeiten ist ein guter Weg, mit Ihren Ängsten vor Menschenmengen umzugehen.

2. Schritt: Durchführung gestufter Übungen

Es ist sehr wichtig, sich **jeden Tag** genügend Zeit zum Üben zu nehmen. Beginnen Sie mit der leichtesten Übung Ihrer Liste.
Nehmen wir an, es handelt sich darum, allein Lebensmittel im Supermarkt einzukaufen. Sollte sich aber auch diese Übung beim ersten Versuch noch als zu schwierig erweisen, so gehen Sie jeden Tag zu vorher festgelegten, zunehmend weiter vom Hause entfernten Zwischenzielen in Richtung Supermarkt. Es macht nichts, wenn Sie das volle Ziel der Übung anfangs noch nicht erreichen. Notieren Sie sorgfältig, wie weit Sie jedesmal kommen. Wichtiger als ein sofortiger Erfolg beim ersten Übungsversuch ist, daß Sie sich daran gewöhnen, täglich zu üben und zu versuchen, Ihr Ziel zu erreichen. Denn dies ist das Gegenteil Ihres bisherigen Vermeidungsverhaltens.

Frage: **Warum ist es so wichtig, täglich zu üben, Vermeidungsverhalten zu überwinden?**

a) Das Üben fällt wieder schwerer, wenn Sie mehrere Tage damit ausgesetzt haben

b) Es baut Vertrauen für spätere, schwierigere Übungen auf

c) Mit jedem Üben wird die Angst geringer

d) Alle Aussagen sind richtig

Frage: **Warum ist es so wichtig, täglich zu üben, Vermeidungsverhalten zu überwinden?**

Antworten:

a) Das Üben fällt wieder schwerer, wenn Sie mehrere Tage damit ausgesetzt haben
Wenn Sie mehrere Tage nicht üben, lernen Sie nur wieder angstbesetzte Situationen zu vermeiden – und dies führt somit zu einem erneuten Anstieg der Ängste. Tägliches Üben ist jedoch auch noch aus anderen Gründen wichtig.

b) Es baut Vertrauen für spätere, schwierigere Übungen auf
Erfolg in leichteren Übungssituationen baut Ihr Selbstvertrauen für schwierigere Situationen auf. Tägliches Üben ist der beste Weg, dies zu erreichen. Zunehmendes Selbstvertrauen ist aber nicht der einzige Vorteil täglicher Übungen.

c) Mit jedem Üben wird die Angst geringer
Regelmäßiges Üben in *angstbesetzten* Situationen wird die Angst verringern.

d) Alle Aussagen sind richtig
Richtig! Aus allen diesen Gründen sollten Sie täglich üben.

3. Schritt: Regelmäßige Wiederholung der einzelnen Übungen

Wiederholen Sie jede Übung mehrere Male und versuchen Sie jedes Mal, etwas mehr zu erreichen. Rechnen Sie damit, mal gute und mal schlechte Tage zu haben – je nachdem, wie Sie sich fühlen. Setzen Sie Ihre Übungen daher über eine bestimmte Zeitspanne fort, bevor Sie entscheiden, ob eine Besserung eingetreten ist. Um dies beurteilen zu können, müssen Sie sorgfältig notieren, wie lange Sie geübt haben und wie weit Sie gekommen sind.
Haben Sie eine Übung erfolgreich beendet, heißt das nicht, daß Sie diese Übung völlig abgeschlossen haben. Wiederholen Sie sie noch einige Male, um noch sicherer zu werden. Hält der Erfolg an, wenden Sie sich der nächsten schwereren Übung zu.
Sollten Sie trotz aller Bemühungen keine Fortschritte machen, gehen Sie weiter zu Schritt drei dieser Übungsanleitung.

Frage: **Was tun Sie, wenn Sie gleich bei dem ersten Übungsversuch in einer neuen Situation Erfolg haben?**

a) Morgen noch einmal üben

b) Eine schwerere Übung beginnen

c) Eine leichtere Übung beginnen

d) Sich selbst gratulieren und eine wohlverdiente Pause machen

Frage: **Was tun Sie, wenn Sie gleich bei dem ersten Übungsversuch in einer neuen Situation Erfolg haben?**

Antworten:

Richtig! **a) Morgen noch einmal üben**
Sie haben die Übung das erste Mal erfolgreich beendet. Jetzt sollten Sie sie wiederholen, um den Erfolg zu überprüfen und noch mehr Sicherheit zu gewinnen.

b) Eine schwerere Übung beginnen
Ein einzelner Erfolg bedeutet nicht, daß Sie die Übung beendet haben. Um sicher zu sein, wiederholen Sie die Übung mehrmals, bevor Sie den Schwierigkeitsgrad erhöhen.

c) Eine leichtere Übung beginnen
Nein, im Augenblick des Erfolges auf eine leichte Übung zurückzugehen, wäre bereits die Einleitung von erneutem Meidungsverhalten.

d) Sich selbst gratulieren und eine wohlverdiente Pause machen
Nein, wenn Sie sich jetzt ausruhen, vermeiden Sie wieder und gefährden so weitere Fortschritte.

4. Schritt: „Zwischenübungen" als Brücken zu schwierigen Übungszielen

Wenn Sie beim Üben einmal keine weiteren Fortschritte machen, dann versuchen Sie herauszufinden, woran das liegt. Es könnte sein, daß die Übungen, die Sie ausgesucht haben, im Moment zu schwierig für Sie sind – oder Sie haben im Vergleich zu ihrer vorangegangenen, erfolgreichen Übung einen zu großen Sprung gemacht.
Überprüfen Sie als erstes, ob die ursprüngliche Reihenfolge der Schwierigkeitsgrade auf Ihrer Übungs-Liste noch zutrifft. Es könnte sein, daß einige Übungen, die Ihnen anfangs schwer erschienen, jetzt leichter für Sie sind als die, die Sie gerade geübt haben.
Sollte dies nicht zutreffen, überlegen Sie sich einen Zwischenschritt in Richtung auf die bisher nicht bewältigte Übung und üben Sie diesen, bevor Sie sich wieder der ursprünglichen Übung zuwenden. So bauen Sie sich zwischen den Übungen eine Brücke.
Beispiel: Nehmen wir an, Sie hätten die erste Übung „allein zum Supermarkt gehen" erfolgreich beendet und die nächste Übung würde sein „allein mit dem Bus eine bestimmte Anzahl von Stationen zu fahren". Es wäre jetzt Ihre Aufgabe, sich leichtere Zwischenschritte zwischen der ersten und der zweiten Übung zu überlegen.

Frage: **Was könnten Sie sich als Verbindungsübung zwischen Übung eins: „Allein zum Supermarkt gehen" und Übung zwei: „Allein mit dem Bus eine bestimmte Anzahl von Stationen zu fahren" vorstellen?**

a) Mit jemandem zusammen im Bus eine bestimmte Anzahl von Stationen zu fahren

b) Zunächst nur eine Haltestelle zu fahren

c) Alleine zu fahren, aber an der Zielstation wartet jemand auf Sie

d) Alle Antworten sind richtig

Frage: **Was könnten Sie sich als Verbindungsübung zwischen Übung eins: „Allein zum Supermarkt gehen“ und Übung zwei: „Allein mit dem Bus eine bestimmte Anzahl von Stationen zu fahren“ vorstellen?**

Antworten: **a) Mit jemandem zusammen im Bus eine bestimmte Anzahl von Stationen zu fahren**
Mit dieser Zwischenübung bauen Sie sich eine gute Brücke – doch gibt es noch weitere Möglichkeiten.

b) Zunächst nur eine Haltestelle zu fahren
Nur eine Haltestelle zu fahren, ist ein weiterer möglicher Zwischenschritt.

c) Alleine zu fahren, aber an der Zielstation wartet jemand auf Sie
Auch dies könnte eine hilfreiche Zwischenübung sein, falls sie nicht anfangs auch noch zu schwierig ist. Es gibt etwas leichtere Übungen, die Sie noch davor versuchen könnten.

d) Alle Antworten sind richtig

Richtig! Bei allen drei Antworten handelt es sich um mögliche Wege, eine Brücke zwischen beiden Übungen zu bauen – da die Zwischenschritte schwieriger als Übung eins, doch nicht so schwierig wie Übung zwei sind.

5. Schritt: Auswahl von „Zwischenübungen"

Für sich allein betrachtet, werden diese Zwischenübungen nicht unbedingt hilfreich sein. Es erscheint zum Beispiel nicht sehr sinnvoll, mit dem Bus nur bis zur nächsten Haltestelle zu fahren. Erfolge bei solchen Übungen können aber Selbstvertrauen für die nächstschwierigere Übung aufbauen (die wieder sinnvoll ist, aber die Ihnen im Augenblick noch zu schwer erscheint).
Überlegen Sie bitte genau, welche und wieviele Zwischenübungen Sie auswählen und wie oft Sie diese durchführen wollen! Seien Sie dabei flexibel und notieren Sie weitere Zwischenübungen, falls die zuerst ausgewählte sich erneut als zu schwierig erweisen sollte.
Haben Sie Ihre ursprüngliche Übung erreicht und mehrere Male erfolgreich geübt, besteht keine Notwendigkeit mehr, die Zwischenübungen weiter fortzusetzen. Sie sollten jedoch in regelmäßigen Abständen Ihre Hauptübungen wiederholen.
Besser noch:
Gewöhnen Sie sich daran, die Übungen in Ihrem normalen Tagesablauf zur Gewohnheit werden zu lassen.

Frage: **Warum können Zwischenübungen wichtig sein?**

a) Sie sind leichter als die zuletzt erfolgreich ausgeführte Übung

b) Sie bauen Selbstvertrauen auf

c) Sie erleichtern den Übergang von einer Übung zu einer anderen schwierigeren Übung

d) Alle drei Antworten sind richtig

Frage: **Warum können Zwischenübungen wichtig sein?**

Antworten:

a) Sie sind leichter als die zuletzt erfolgreich ausgeführte Übung
Nein. Im Gegenteil, die Zwischenübungen sollten schwieriger sein als die erfolgreich abgeschlossene Übung.

b) Sie bauen Selbstvertrauen auf
Zwar bauen Zwischenübungen Selbstvertrauen auf, dies ist aber nicht deren eigentliches Ziel. Zwischenübungen werden aus anderen Gründen eingeplant.

c) Sie erleichtern den Übergang von einer Übung zu einer anderen schwierigeren Übung
Richtig! Durch die Zwischenübungen wird der Übergang von einer Übung zur nächsten schwierigen erleichtert, indem das Selbstvertrauen kontinuierlich wächst, so daß schließlich die nächste Zielübung angefangen werden kann.

d) Alle drei Antworten sind richtig
Nein. Nicht alle Antworten sind richtig.

Zusammenfassung der Übungen zur Selbsthilfe

1. Entscheiden Sie sich für bestimmte Übungsziele.

2. Beginnen Sie mit der leichtesten Übung.

3. Wiederholen Sie jede Übung mehrmals.
   Bei konstantem Erfolg beginnen Sie die nächst schwierigere Übung.

4. Sollten Sie keine Fortschritte machen, überlegen Sie sich Zwischenübungen.

5. Setzen Sie vor Beginn der Übungen alle Beruhigungsmittel schrittweise (nach ärztlicher Beratung) ab, so daß Sie spätestens eine Woche vor Übungsbeginn ohne Beruhigungsmittel auskommen können.

6. Gewöhnen Sie sich an, täglich zu üben.

Frage: Welche der folgenden Übungsanleitungen ist richtig?

a) Versuchen Sie jede Übung einmal; haben Sie Erfolg, gehen Sie zur nächsten über

b) Entscheiden Sie sich für festgelegte Übungsziele und üben Sie pro Tag eines davon

c) Beginnen Sie mit der leichtesten Übung und gehen Sie dann zu schwierigeren über

d) Nehmen Sie vor jeder Übung Beruhigungsmittel ein

Frage: **Welche der folgenden Übungsanleitungen ist richtig?**

Antworten:

a) Versuchen Sie jede Übung einmal; haben Sie Erfolg, gehen Sie zur nächsten über
Nein, jede Übung sollte mehrfach geübt werden, bevor die nächste begonnen wird.

b) Entscheiden Sie sich für festgelegte Übungsziele und üben Sie pro Tag eines davon
Daß Sie jeden Tag üben ist unentbehrlich, aber manchmal kann es zur Erreichung vorher festgelegter Übungsziele erforderlich sein, Zwischenübungen einzubauen.

c) Beginnen Sie mit der leichtesten Übung und gehen Sie dann zu schwierigeren über
Richtig! Es ist wichtig, von leichteren auf schwerere Übungen überzugehen, weil Sie so Ihr Selbstvertrauen für schwerere Übungsschritte aufbauen.

d) Nehmen Sie vor jeder Übung Beruhigungsmittel ein
Nein. Sie sollten Beruhigungsmittel rechtzeitig (mindestens 1 Woche) vor Beginn der Übungen abgesetzt haben.

Wie Sie mit Panikgefühlen besser umgehen können

Angstgefühle zulassen und ertragen

Wie schon erwähnt, kommen Panikgefühle anfangs scheinbar „wie aus heiterem Himmel“. Später wird die Panik dann häufig durch (erlernte) Angstreaktionen in bestimmten Situationen/Plätzen ausgelöst. Normalerweise bauen sich diese Reaktionen schnell wieder ab – wenn **Sie selbst** dafür die Voraussetzungen schaffen. Aufrechterhalten werden Angstreaktionen gewöhnlich durch die darauffolgenden alarmierenden Gedanken („Angst vor der Angst“) – und durch das Vermeidungsverhalten.
Der *beste* Ratschlag – aber auch der am schwierigsten zu befolgende – ist:
Lassen Sie Ihre Angst zu und bleiben Sie in der Situation, bis die Angst abnimmt!
Wenn Sie schrittweise üben, werden Sie nur selten Panikattacken erleben, aber Sie sollten sich durchaus darauf einstellen, ein bestimmtes Maß an Angst zu erleben. Jeder Mensch erlebt manchmal Angst und ähnlich unangenehme Gefühle. Die Überwindung einer Agoraphobie gelingt am besten, wenn Sie lernen, diese (ja immer nur vorübergehend auftretenden) unangenehmen Gefühle zu akzeptieren – ohne wegzulaufen oder aufzugeben!

Frage: **Welche der folgenden Möglichkeiten kann zu einer Panikreaktion führen?**

a) Die erlernte Angstreaktion in bestimmten Situationen

b) Die Sorge über fremdartige Gefühle, die während einer Übungssitzung auftreten

c) Die Sorge, daß Sie Ihre Angst nicht unter Kontrolle bekommen können

d) Alle Antworten sind richtig

Frage: **Welche der folgenden Möglichkeiten kann zu einer Panikreaktion führen?**

Antworten: **a) Die erlernte Angstreaktion in bestimmten Situationen**
Panikgefühle können sowohl durch erlernte Angstreaktionen in bestimmten Situationen wie durch andere Auslöser hervorgerufen werden.

b) Die Sorge über fremdartige Gefühle, die während einer Übungssitzung auftreten
Die Sorge über fremdartige Gefühle, die während einer Übungssitzung auftreten, kann die Ängste verstärken – aber auch andere Dinge können Panik auslösen.

c) Die Sorge, daß Sie Ihre Angst nicht unter Kontrolle bekommen können
Auch der Gedanke, daß die Angst nicht mehr kontrolliert werden kann, ist einer von mehreren Faktoren, die zu einer Panikreaktion führen können.

d) Alle Antworten sind richtig
Richtig! Alle genannten Möglichkeiten können zu einer Panikreaktion führen.

Angstgefühle selbst auslösen

Zu Beginn haben wir die Agoraphobie als eine Angst, allein in bestimmte Situationen außerhalb der Wohnung zu gehen, beschrieben. Dazu gehört aber auch genauso die Befürchtung, daß die Angstsymptome selbst (wie z.B. Herzrasen) außer Kontrolle geraten. Deshalb sollte ein wesentlicher Teil des Übens darin bestehen, absichtlich Dinge zu tun, die Angst auslösen, um dann besser damit umgehen zu lernen. Das heißt nicht, daß Sie in totale Panik geraten sollen – aber Übungen sind um so hilfreicher, je regelmäßiger Sie ihre phobischen Ängste selbst auslösen, um dann zu lernen, sie zu bewältigen und weiter zu üben. Übungen, die keine Ängste verursachen, die Sie aber deshalb durchführen, um darin sicherer zu werden, können auch hilfreich sein. Jedoch können Sie so keine wirklichen Fortschritte machen.
Erinnern Sie sich daran, daß der Zweck des Übens darin besteht, neue Verhaltensweisen im Umgang mit den Ängsten und Panikgefühlen zu erlernen und so eine andere Einstellung zu den Ängsten zu bekommen. Sie versuchen also nicht länger, angstauslösende Situationen um jeden Preis zu vermeiden, sondern setzen sich Ihren Ängsten aus. Dazu müssen Sie sich so oft wie möglich damit beschäftigen und eventuell verbleibende Angstgefühle als natürliche, wenn auch unangenehme Körpergefühle ansehen.

Frage: **Welche der folgenden Aussagen deutet am ehesten auf einen Fortschritt hin?**

a) Sie können eine neue Übung schon das erste Mal ohne Schwierigkeiten durchführen

b) Sie versuchen eine neue Übung, kehren aber wegen zunehmender innerer Anspannung zurück

c) Sie führen eine neue Übung bis zum Ende durch, obwohl Sie anfänglich panikartige Ängste erleben

d) Sie beenden eine neue Übung in völliger Panik

Frage: **Welche der folgenden Aussagen deutet am ehesten auf einen Fortschritt hin?**

Antworten:

a) Sie können eine neue Übung schon das erste Mal ohne Schwierigkeiten durchführen

Das ist natürlich sehr ermutigend, doch bedeutet dieser Erfolg nicht automatisch, daß es jedesmal so leicht sein wird. Wenn Sie nur einmal geübt haben, sollten Sie sich darauf einstellen, daß Sie – wenn Sie sich einmal nicht so gut fühlen – Schwierigkeiten bei einer Wiederholung dieser Übung haben könnten.

b) Sie versuchen eine neue Übung, kehren aber wegen zunehmender innerer Anspannung zurück

Dies ist kein Hinweis auf einen Fortschritt. Im Gegenteil, auf diese Weise wird – wenn dies wiederholt in der gleichen Übungssituation geschieht – Ihre Agoraphobie eher verstärkt. Wichtig sind Erfolgserlebnisse beim Üben – und wenn die anfänglichen Übungsschritte auch noch so klein sind. Gelingt Ihnen dies auch nach mehrmaligem Durcharbeiten dieses Manuals nicht, sollten Sie mit Ihrem Therapeuten oder Arzt darüber unbedingt reden.

c) Sie führen eine neue Übung bis zum Ende durch, obwohl Sie anfänglich panikartige Ängste erleben

Richtig! Wenn Sie sich so verhalten haben, machen Sie in zweierlei Richtungen Fortschritte: Zum einen haben Sie ein weiteres Übungsziel in Ihrer Liste bewältigt, zum anderen können Sie besser mit auftretenden Ängsten umgehen.

d) Sie beenden eine neue Übung in völliger Panik

Dies kann sowohl ein Rückschritt wie ein Fortschritt sein und hängt davon ab, ob Sie die gleiche Übung bald mit weniger Angst wiederholen können. Sie sollten auf jeden Fall versuchen, eine Übung nicht zu beenden, wenn Sie noch Panikgefühle haben.

In angstauslösenden Situationen verbleiben

Nehmen wir einmal an, Sie üben gerade und plötzlich löst ein fremdartiges Gefühl Angst in Ihnen aus. Gehen Sie dann *nicht* sofort nach Hause. Suchen Sie sich eine Möglichkeit zum Ausruhen, setzen Sie sich irgendwo hin oder gehen Sie ein Stück zurück – versuchen Sie also irgend etwas zu tun, das Ihnen hilft, am Ort oder zumindest in der Nähe des Ortes zu bleiben, in dem das Gefühl begonnen hat. Denken Sie daran, daß Sie diese unangenehmen Gefühle ohnehin erwartet haben. Sie schaden Ihrer Gesundheit nicht.
Solche Gefühle bedeuten auch nicht, daß gleich etwas Schreckliches passieren wird. Nichts dergleichen wird geschehen! Machen Sie sich mit solchen Gedanken nicht „verrückt". Ein häufig hilfreicher „Trick", sich selbst zu überreden, trotz einer Panikreaktion in der Situation zu bleiben, ist der Vorsatz: „Ich versuche es noch 10 Sekunden auszuhalten ... noch 10 Sekunden ... noch 10 Sekunden ...!" – bis Sie merken, daß Sie den Zustand schon viele „noch 10 Sekunden ...!"-Intervalle erfolgreich überstanden haben – also viel mehr „aushalten", als Sie sich beim Auftreten des Fluchtimpulses zugetraut hatten. Nach einer Weile wird die Angst so „von alleine" vergehen.
Dann könnten Sie zwar nach Hause gehen; aber es wäre besser, Sie würden vorher noch etwas üben. Glücklicherweise ist es nämlich unwahrscheinlich, daß nach einer vorübergegangenen Panikattacke in kurzer Zeit ein erneutes Panikgefühl auftritt. Daher sollten Sie aus diesem Wissen heraus, diese Chance nutzen und gleich nach dem Abklingen einer Panik weitere Schritte wagen, die Ihnen noch mehr Fortschritte ermöglichen.
Eine goldene Regel: Versuchen Sie, eine angstauslösende Situation nicht zu verlassen, bevor die Angst heruntergegangen ist!

Frage: **Was könnten Sie am besten tun, wenn Sie Angst in einem Geschäft bekommen?**

a) Versuchen, sich zusammenzureißen

b) So bald wie möglich nach Hause gehen

c) In ein anderes Geschäft gehen

d) Solange in der Situation bleiben, bis Sie sich besser fühlen

Frage: **Was könnten Sie am besten tun, wenn Sie Angst in einem Geschäft bekommen?**

Antworten: **a) Versuchen, sich zusammenzureißen**
Es ist sicher hilfreich zu versuchen, die Kontrolle über auftretende Angstgefühle zu behalten. Gefragt war aber eigentlich nach konkreten Maßnahmen, mit denen Sie dies erreichen können.

b) So bald wie möglich nach Hause gehen
Wenn Sie gleich nach Hause gehen, werden Sie das nächste Mal wahrscheinlich wieder vermeiden, denn Sie „lernen" mit diesem Verhalten, daß Ihre Angst nur abnimmt, wenn Sie aus der Situation gehen. Sie nehmen sich dadurch die Chance, das entscheidende hilfreiche Erlebnis zu haben – zu erfahren, daß die Angst „von alleine" wieder nachläßt, wenn Sie in der Situation bleiben.

c) In ein anderes Geschäft gehen
Es könnte hilfreich sein, in ein anderes Geschäft zu gehen, vorausgesetzt, das Geschäft befindet sich in der Nähe. Es besteht aber die Gefahr, daß Sie hinsichtlich des ersten Geschäftes Ihre Angst damit lediglich verstärken.

d) Solange in der Situation bleiben, bis Sie sich besser fühlen
Richtig! Wenn es irgend möglich ist, bleiben Sie solange, bis die Angst wieder abfällt. Dieses Verhalten erleichtert es Ihnen auch, das nächste Mal in dieser Situation besser mit Ihrer Angst umgehen zu können.

Regeln zur Angst- und Panikbewältigung in Übungssituationen

In dem Moment, wo die Panik beginnt, wird „vernünftiges“ Denken und überlegtes Handeln schwierig.
Lesen Sie deshalb – bevor Sie üben – die zehn Regeln auf der nächsten Seite so sorgfältig, daß Sie sie jederzeit abrufbereit im Kopf haben.
Halten Sie sich beim Beginn von Panikgefühlen sofort an diese Regeln! Auf Seite 61 finden Sie eine verkürzte Version dieser Regeln, die als Gedächtnisstütze dienen soll. Lesen Sie bitte erst die vollständigen Regeln auf der nächsten Seite und überprüfen Sie dann anhand der verkürzten Fassung, ob Sie sich alles gemerkt haben. Verwenden Sie dann nur noch die Kurzfassung als Gedächtnisstütze!
Vielleicht ist es hilfreich für Sie, diese Kurzfassung, die Sie dem perforierten Anhang entnehmen können, ständig bei sich zu tragen, um die Regel während einer Angstsituation lesen zu können. Falls Sie beim Üben selbst weitere für Sie hilfreiche Regeln oder kleine „Tricks“ zum besseren Umgang mit Panikgefühlen entwickeln, fügen Sie diese unbedingt unserer Liste bei!

10 Regeln zur Angst- und Panikbewältigung

1. Denken Sie immer daran, daß Ihre Angstgefühle und die dabei auftretenden körperlichen Symptome nichts anderes sind als eine „Übersteigerung" der normalen Körperreaktion in einer Streßsituation.

2. Solche Gefühle und Körperreaktionen sind zwar sehr unangenehm, aber weder gefährlich, noch in irgendeiner Weise schädlich. Nichts Schlimmes wird geschehen!

3. Steigern Sie sich in Angstsituationen nicht selbst durch Gedanken wie: „Was wird geschehen" und „Wohin kann das führen" in noch größere Ängste hinein.

4. Konzentrieren Sie sich nur auf das, was um Sie herum und mit Ihrem Körper wirklich geschieht – nicht auf das, was in Ihrer Vorstellung noch alles geschehen könnte.

5. Warten Sie ab und geben Sie der Angst Zeit, vorüberzugehen. Bekämpfen Sie Ihre Angst nicht! Laufen Sie nicht davon! Akzeptieren Sie die Angst!

6. Beobachten Sie, wie die Angst von selbst wieder abnimmt, wenn Sie aufhören, sich in Ihre Gedanken (Angst vor der Angst) weiter hineinzusteigern.

7. Denken Sie daran, daß es beim Üben nur darauf ankommt zu lernen, mit der Angst umzugehen – nicht, sie zu vermeiden. Nur so geben Sie sich selbst eine Chance, Fortschritte zu machen.

8. Halten Sie sich innere Ziele vor Augen, welche Fortschritte Sie schon – trotz aller Schwierigkeiten – gemacht haben. Denken Sie daran, wie zufrieden Sie sein werden, wenn Sie auch dieses Mal Erfolg haben.

9. Wenn Sie sich besser fühlen, schauen Sie sich um und planen Sie den nächsten Schritt.

10. Wenn Sie sich in der Lage fühlen weiterzumachen, dann versuchen Sie, ruhig und gelassen in die nächste Übung zu gehen.

10 Regeln für ein Selbstgespräch in der Übungssituation

(s. auch Anhang)

1. Deine Angstgefühle und dabei auftretende körperliche Symptome sind verstärkte normale Streßreaktionen.

2. Angstreaktionen sind nicht schädlich für Deine Gesundheit.

3. Verstärke Deine Angstreaktionen nicht selbst durch furchterregende Phantasievorstellungen.

4. Bleibe trotz der Panikgefühle in der Realität. Beobachte und beschreibe Dir, was wirklich geschieht.

5. Warte in der Situation, bis die Angst vorübergeht.

6. Beobachte, wann und wie die Angst von alleine wieder abnimmt.

7. Gib Dir eine Chance, Fortschritte zu machen: Vermeide nicht!

8. Führe die Übungen bis zum Abschluß durch.

9. Sei stolz auf Deine bisherigen Bemühungen und Erfolge (auch die kleinen!).

10. Nimm Dir Zeit für die Übungen.

Die Überwindung von Rückschlägen

Wenige Menschen können ihre Agoraphobie abbauen, ohne zwischenzeitlich Rückschläge zu erleben. Die Stimmung bei den meisten Menschen schwankt von Tag zu Tag; daher mag, was gestern erfolgreich getan werden konnte, heute unmöglich erscheinen. Aber gerade wenn Sie sich schlecht fühlen, haben Sie die Chance, große Fortschritte zu machen. Es zählt lediglich, wie Sie mit Ihren Angstgefühlen und anderen Stimmungsschwankungen umgehen. So kann ein kleiner Übungsschritt an einem Tag, an dem Sie sich schlecht fühlen, viel mehr bedeuten, als große Übungserfolge an einem Tag, an dem Sie sich von vornherhein besonders gut fühlen. Eine erfolgreiche Übung an einem „schlechten" Tag kann sogar das beste Antidepressivum sein!

Die meisten Agoraphobikerinnen erleben ihre schwersten Rückschläge aus einem starken Panikanfall heraus – besonders dann, wenn sie aus der Situation geflüchtet sind, bevor die Angst heruntergegangen ist.

Wenn dies geschieht und Sie das Gefühl bekommen, wieder ganz am Anfang zu stehen, **geben Sie nicht auf!**

Versuchen Sie, am nächsten Tag die Übung zu wiederholen. Wenn Ihnen dies gelingt, erfahren Sie in der Regel, daß ein Tiefpunkt so am besten überwunden werden kann.

Ihre Chancen, die Ängste zu überwinden, sind sehr gut – vorausgesetzt, Sie akzeptieren Rückschläge und geben nicht auf, mit den Übungen fortzufahren.

Frage: **Sie fahren im Bus. Was sollten Sie tun, wenn Sie aufgrund einer Panikattacke die Übung früher beenden, als ursprünglich geplant?**

a) Überwinden Sie sich, in den nächsten Bus zu steigen

b) Versuchen Sie es noch einmal, sobald Sie sich etwas beruhigt haben

c) Versuchen Sie eine leichtere Zwischenübung

d) Alle diese Antworten sind richtig

Frage: **Sie fahren im Bus. Was sollten Sie tun, wenn Sie aufgrund einer Panikattacke die Übung früher beenden, als ursprünglich geplant?**

Antworten:

a) Überwinden Sie sich, in den nächsten Bus zu steigen
Dies wäre das optimale Verhalten, wenn Sie sich dabei fest vornehmen, die im Bus möglicherweise wiederkommende Panik auszuhalten, bis sie von selbst wieder abklingt. Ein Risiko liegt aber darin, daß doch eine erneute Panik auftritt, Sie wieder „flüchten" und dann Ihre Phobie besonders verstärkt ist.

b) Versuchen Sie es noch einmal, sobald Sie sich etwas beruhigt haben
Richtig! Dies wäre die sicherste Lösung, wenn Sie nicht sofort beim ersten nachfolgenden Bus bereits die Bereitschaft aufbringen können, eine neue Panik auszuhalten (s.o.).

c) Versuchen Sie eine leichtere Zwischenübung
Dies wäre ebenfalls eine hilfreiche Möglichkeit, doch sollten Sie erst auf andere Weise versuchen, diese Übung anzugehen (z.B. eine der beiden oben genannten).

d) Alle diese Antworten sind richtig
Falsch. Nicht alle Lösungsmöglichkeiten sind gleich gut.

Zusammenfassung: Umgang mit Panikgefühlen und Rückschlägen

1. Stellen Sie sich darauf ein, daß Ängste auftreten werden! Versuchen Sie, die Ängste zu provozieren, um zu lernen, wie Sie am besten mit Angst umgehen können.

2. Versuchen Sie möglichst *in der Situation* zu bleiben, wo die Panik begonnen hat. Bleiben Sie solange, bis die Ängste abgenommen haben.

3. Falls ein Verbleiben Ihnen unmöglich erscheint, entfernen Sie sich langsam ein kurzes Stück von dem angstbesetzten Ort – versuchen Sie aber, auf keinen Fall zu flüchten.

4. Vergegenwärtigen Sie sich immer wieder die 10 Regeln, die Ihnen helfen sollen, mit Angst- und Panikgefühlen besser umzugehen.

5. Üben Sie möglichst *weiter,* sobald die Ängste geringer geworden sind.

6. Wenn Sie aus Angst (Panik) nach Hause zurückgekehrt sind, versuchen Sie so schnell wie möglich, erneut in die gemiedene Situation zurückzukehren.

7. Einige Rückschläge werden unvermeidlich sein. Sie treten bei jedem Lernprozeß auf. Stellen Sie sich darauf ein und geben Sie nicht auf!

Frage: **Wie können Sie mit einem Panikanfall während des Übens am besten umgehen?**

a) Ohne Unterbrechung weiter üben

b) Die Angst zulassen und solange in der Situation bleiben, bis sie von selbst wieder abnimmt

c) Nach Hause gehen und sich entspannen

d) Alle Antworten sind richtig

Frage: **Wie können Sie mit einem Panikanfall während des Übens am besten umgehen?**

Antworten: **a) Ohne Unterbrechung weiter üben**
Dies wäre zwar die beste Reaktion, vielleicht ist sie Ihnen aber nicht möglich und die Panikgefühle veranlassen Sie schließlich doch zur Flucht.

b) Die Angst zulassen und solange in der Situation bleiben, bis sie von selbst wieder abnimmt

Richtig! Dies ist die sicherste Bewältigungsstrategie – sie bedarf aber regelmäßiger Übung.

c) Nach Hause gehen und sich entspannen
Dies ist eine schlechte Reaktion, die nach Möglichkeit unterlassen werden sollte. Gehen Sie nach einem Mißerfolgserlebnis nach Hause, werden Sie sich im Endeffekt noch schlechter fühlen. Ist ein solcher Rückschritt eingetreten, beginnen Sie sobald wie möglich mit einer neuen Übung – gerade dann, wenn Ihre Stimmung noch schlecht ist. Eine erfolgreiche Übung ist in der Situation das beste Mittel, Ihre Stimmung wieder aufzuhellen!

d) Alle diese Antworten sind richtig
Nein. Nur zwei Antworten treffen zu.

Langzeitplanung der Selbsthilfe

Viele Agoraphobikerinnen geben aufgrund ihrer Ängste und der damit verbundenen Schwierigkeiten, das Haus zu verlassen, auch einen großen Teil ihrer Freizeitaktivitäten auf. So werden sie mehr und mehr von ihrem Freundeskreis abgeschnitten und nehmen kaum mehr an gesellschaftlichen Aktivitäten oder anderen Außenaktivitäten teil, die ihnen früher viel Spaß gemacht haben. Sie beschränken sich schließlich auf Routinetätigkeiten im Hause, die sie so übertreiben, daß scheinbar keine Zeit mehr für andere Aktivitäten bleibt. All diese Konsequenzen des Meidungsverhaltens sind oft die Hauptursache für die Entwicklung einer zusätzlichen Depression!
Für eine Genesung ist es nun sehr wesentlich, diese Routine völlig zu verändern und sich wieder Zeit für Freizeitaktivitäten außer Haus zu nehmen und diesbezügliche Interessen auszuweiten. Das heißt: Sie sollten wieder damit anfangen, Freunde zu besuchen, in Clubs oder Sportvereine zu gehen – und vielleicht auch wieder berufstätig zu werden. Denken Sie zurück und schreiben Sie sich auf, welche Aktivitäten Ihnen früher Spaß gemacht haben! Was möchten Sie davon jetzt gerne wieder tun?
Dies alles sind keine Dinge, die Sie irgendwann später einmal in Angriff nehmen könnten, sondern wichtige Schritte, um sich jetzt selbst zu helfen! Handeln Sie wieder! Geben Sie sich Chancen zu entdecken, daß Dinge, die Ihnen früher einmal Spaß machten, dies auch jetzt noch tun! Entdecken Sie durch den Spaß, den Sie am Ziel haben, daß es sich lohnt, die Ängste auf dem Wege dorthin (also bei der Übung) auszuhalten. Dann wird auch das Üben bald angstfreier und schließlich wieder zur mühelosen, täglichen Gewohnheit werden. Sie haben damit die entscheidende Bedingung erfüllt, um Ihre Agoraphobie langfristig zu überwinden.

Frage: Aus welchem Grund sind Außenaktivitäten oder die Ausübung eines Berufes so wichtig?

a) Sie ermöglichen regelmäßige Übungen außer Haus

b) Sie bieten die Möglichkeit zu Erfolgserlebnissen und anderen positiven Gefühlen außerhalb des Hauses

c) Das Kennenlernen neuer Menschen und Situationen hilft, die Vermeidungsgewohnheiten zu durchbrechen

d) Alle Antworten sind richtig

Frage: **Aus welchem Grund sind Außenaktivitäten oder die Ausübung eines Berufes so wichtig?**

Antworten:

a) Sie ermöglichen regelmäßige Übungen außer Haus
Dies ist einer der Hauptgründe.

b) Sie bieten die Möglichkeit zu Erfolgserlebnissen und anderen positiven Gefühlen außerhalb des Hauses
Dies ist ein weiterer wichtiger Grund neben anderen.

c) Das Kennenlernen neuer Menschen und Situationen hilft, die Vermeidungsgewohnheiten zu durchbrechen
Auch dies ist ein wichtiger Grund neben anderen.

d) Alle Antworten sind richtig

Richtig! All diese unterschiedlichen Gründe zusammengenommen, erklären, warum es so ein erstrebenswertes Ziel ist, Außenaktivitäten im Beruf wie in der Freizeit auszuweiten.

Zusammenfassung des Selbsthilfe-Programms

1. Das Üben in den angstbesetzten Situationen wird Ihnen helfen, Ihr verlorenes Selbstvertrauen wiederzugewinnen. Dabei kommt es darauf an, *täglich zu üben,* und zwar mindestens 1 Stunde.

2. Beginnen Sie mit der leichtesten früher gemiedenen Situation auf Ihrer Liste. Gehen Sie zur nächstschwereren Situation, wenn Sie die erste (mehrfach nacheinander) erfolgreich abgeschlossen haben.

3. Von Zeit zu Zeit können Panikgefühle auftreten – trotzdem ist es wichtig, sich den Situationen auszusetzen, ohne zu fliehen. Statt Angst und ihre Auslösesituationen zu meiden, wollen Sie lernen, mit diesen wieder besser umgehen zu können.

4. Es mag Zeiten geben, in denen Sie das Gefühl haben, nicht so schnell Fortschritte zu machen, wie Sie es wünschen. Sie mögen sogar gelegentliche Rückfälle erlebt haben.
   Machen Sie sich darüber aber keine Sorgen!
   Mit dem richtigen Übungsverhalten werden Sie auf lange Sicht mit Ihren Schwierigkeiten fertig werden und Erfolg haben.

Üben Sie täglich!
Viel Erfolg!

Im Anhang finden Sie die Kopiervorlage für das Wochenprotokoll. Hier können Sie genau notieren, was und wie lange Sie täglich geübt haben, und Ihre Fortschritte während der Übungen dokumentieren.

Antwortbogen/Teil I

Beantworten Sie jede Frage (bevor Sie weiterblättern) mit a, b, c oder d, indem Sie jeweils einen oder mehrere Buchstaben an der vorgesehenen Stelle eintragen.
Vor jeder Spalte steht die Seitenzahl, auf der die Frage mit den 4 Antwortmöglichkeiten steht.
Unterstreichen Sie jede **falsch** gegebene Antwort und lesen Sie sich die entsprechende(n) Seite(n) noch einmal durch.

	a	b	c	d
S. 19	....	....	....	....
S. 21	....	....	....	....
S. 23	....	....	....	....
S. 25	....	....	....	....
S. 27	....	....	....	....
S. 29	....	....	....	....
S. 31	....	....	....	....
S. 33	....	....	....	....
S. 35	....	....	....	....
S. 37	....	....	....	....
S. 39	....	....	....	....
S. 41	....	....	....	....
S. 43	....	....	....	....
S. 45	....	....	....	....
S. 47	....	....	....	....
S. 49	....	....	....	....
S. 51	....	....	....	....
S. 53	....	....	....	....
S. 55	....	....	....	....
S. 57	....	....	....	....
S. 63	....	....	....	....
S. 65	....	....	....	....
S. 67	....	....	....	....

Teil II: Eine Anleitung für Angehörige von Betroffenen

Einleitung

Diese Anleitung ist speziell für Partner, Angehörige oder Freunde von Personen gedacht, die unter einer Agoraphobie leiden. Sie kann Ihnen, zusammen mit Teil I, auf jeden Fall helfen, die Beschwerden Ihrer Partnerin besser zu verstehen und dementsprechend auch hilfreich darauf zu reagieren.
Darüber hinaus gibt diese Anleitung Ihnen aber auch klare Empfehlungen, wie Sie Ihre unter Angst leidende Partnerin konkret bei dem Versuch unterstützen können, sich mit Hilfe der Anleitung I selbst zu helfen. Diese zweite Möglichkeit der aktiven Unterstützung sollte jedoch nur genutzt werden, wenn Ihre Partnerin und Sie selbst nach eingehender Besprechung dies für wünschenswert halten. Jeder von Ihnen könnte gute Gründe dafür haben, nicht das gemeinsame Vorgehen zu wählen. Auch bei dieser Entscheidung kann Ihre genaue Kenntnis beider Anleitungen für Sie und Ihre Partnerin eine zusätzliche Hilfe sein.
Wenn Sie Anleitung II durcharbeiten, gehen Sie dabei bitte genauso vor, wie es für Anleitung I empfohlen wurde!

Warum Ihre Hilfe wichtig sein kann

Im Teil I haben Sie gelesen, wie eine Agoraphobikerin versuchen kann, sich selbst zu helfen. Sie könnten jetzt denken, wenn weitere Hilfe notwendig ist, sollte sie von qualifizierten Personen, vor allem Therapeuten, gegeben werden. Häufig ist dies jedoch nicht erforderlich.

Es hat sich gezeigt, daß Personen, die der Agoraphobikerin sehr nahe stehen, ihr auch sehr gut helfen können. Sie kennen die alltäglichen Lebensbedingungen und Gewohnheiten Ihrer Partnerin viel besser als andere und können diese Kenntnis zur Förderung der Selbsthilfe mit einbauen. Im Gegensatz zum Therapeuten können Sie der Agoraphobikerin auf Wunsch auch täglich Hilfestellung bei der Durchführung des Übungsprogrammes geben.

Würde die Behandlung dagegen entfernt von zu Hause durchgeführt, z.B. in einem Krankenhaus, bestünde zudem die Gefahr, daß dort erzielte Besserungen zurückgehen, sobald die Agoraphobikerin wieder zu Hause ist.

Dennoch denken Sie bitte immer daran: Ihre Hilfe *kann* wichtig sein, sie *muß aber nicht unbedingt* erforderlich oder sinnvoll sein. Es gibt Bedingungen, unter denen es für Ihre Partnerin und Sie besser ist, wenn sie die Übungen ohne Ihre Hilfe macht. Auch dann sollten Sie aber diese Anleitung kennen.

Frage: Aus welchen Gründen ist Ihre Hilfe wichtig?

a) Sie wissen genau über die alltäglichen Lebensumstände und Gewohnheiten Bescheid

b) Die Übungen können am erfolgreichsten von zu Hause aus durchgeführt werden

c) Ihr Einfluß kann entscheidend für einen Langzeiterfolg werden

d) Alle Antworten sind richtig

Frage: **Aus welchen Gründen ist Ihre Hilfe wichtig?**

Antworten: **a) Sie wissen genau über die alltäglichen Lebensumstände und Gewohnheiten Bescheid**

Dies ist ein Grund, warum Ihre Hilfe wichtig ist, aber es gibt noch andere.

b) Die Übungen können am erfolgreichsten von zu Hause aus durchgeführt werden

Die Übungen können am erfolgreichsten sein, wenn sie von zu Hause aus durchgeführt werden, da es sich um ein gestuftes Übungsprogramm handelt und auf diese Weise zunächst der Bewegungsfreiraum Ihrer Partnerin im Nahbereich der Wohnung (z.B. Einkäufe, Besuche bei Bekannten) erhöht wird. Es gibt jedoch noch weitere Gründe.

c) Ihr Einfluß kann entscheidend für einen Langzeiterfolg werden

Ja. Sie sind z.B. viel häufiger mit der Agoraphobikerin zusammen als der Therapeut und dadurch in der Lage, täglich Hilfestellung und Ermutigung bei der Planung und Durchführung der einzelnen Übungsschritte zu geben. Es gibt jedoch noch weitere Gründe, warum Ihre Hilfe wichtig ist.

Richtig! **d) Alle Antworten sind richtig**

Wie vertraute Personen aktiv Hilfestellung geben können

Viele Agoraphobikerinnen, die außer Haus gehen möchten, sind davon abhängig, daß eine vertraute Person sie begleitet. Das Problematische dabei ist, daß die Abhängigkeit von anderen auf diese Weise zunimmt und die Phobie sich dadurch verfestigt. Der positive unmittelbare Effekt (Angstabbau durch Begleitperson) führt bei häufiger Wiederholung dann ungewollt zu dem negativen Effekt zunehmender Unselbständigkeit Ihrer Partnerin.
Es kann sehr schwierig werden, diese Abhängigkeit nicht zu unterstützen. Wenn sich z.B. ein Ehemann aufgrund der Platzangst seiner Ehefrau Sorgen macht, könnte er sie als Kranke ansehen, die Pflege braucht und zu Hause bleiben sollte, bis sie wieder gesund ist.
Gelegentlich mag Ihnen die Tatsache, daß jemand anderes auf Sie angewiesen ist, um überhaupt etwas unternehmen zu können, auch ein Gefühl der Zufriedenheit vermitteln, weil Sie sich als wichtiger Helfer bestätigt sehen. Auch mag es für eine Familie sehr angenehm sein und Erleichterung bringen, wenn ein Familienmitglied sich ständig zu Hause aufhält.
Es gibt noch weitere Möglichkeiten, Agoraphobiker in ihrer Abhängigkeit zu unterstützen, ohne es zu merken. Auf diese Weise tragen Sie jedoch dazu bei, daß das Problem aufrechterhalten wird.

Frage: Warum neigen Agoraphobikerinnen dazu, sich von anderen Menschen abhängig zu machen?

a) Sie fühlen sich in der Nähe von vertrauten Personen sicherer

b) Andere Personen neigen nicht immer dazu, Selbsthilfe und Unabhängigkeit zu fördern

c) Dies ist eine Möglichkeit, die am stärksten angstbesetzten Situationen zu vermeiden

d) Alle Antworten sind richtig

Frage: **Warum neigen Agoraphobikerinnen dazu, sich von anderen Menschen abhängig zu machen?**

Antworten: **a) Sie fühlen sich in der Nähe von vertrauten Personen sicherer**
Ja. Dies ist einer der Gründe, die zur Abhängigkeit führen. Ihre Partnerin lernt zu glauben, daß ein Sicherheitsgefühl nur in Gegenwart einer vertrauten Person eintreten kann und verliert damit zunehmend ihre Selbstsicherheit.

b) Andere Personen neigen nicht immer dazu, Selbsthilfe und Unabhängigkeit zu fördern
Ja. Dies ist oft der Grund dafür, daß Agoraphobikerinnen es äußerst schwierig finden, ihre Abhängigkeit aufzugeben: Agoraphobikerin und Helfer ergänzen sich in diesem Teil ihrer Bedürfnisse und verfestigen unbeabsichtigt die Phobie. Abhängigkeit entwickelt sich jedoch auch noch aus anderen Gründen.

c) Dies ist eine Möglichkeit, die am stärksten angstbesetzten Situationen zu vermeiden
Ja. Abhängigkeit von anderen bedeutet, daß die Agoraphobikerin es vermeidet, allein in die angstbesetzte Situation zu gehen. Dies ist jedoch keine vollständige Erklärung.

d) Alle Antworten sind richtig
Richtig! Von Fall zu Fall können alle Gründe von Bedeutung dafür sein, daß Agoraphobikerinnen von anderen Menschen abhängig werden.

Wie Sie ihrer Partnerin helfen können

Es hilft auf Dauer nicht, wenn andere für die Agoraphobikerin Alltagsaufgaben außerhalb der Wohnung erledigen. Solche gutgemeinte Hilfe, die es der Agoraphobikerin erleichtert, zu Hause zu bleiben, führt nur dazu, daß das Vermeidungsverhalten zur Gewohnheit wird. Die Angst wird auf diese Weise größer werden. Um wirklich hilfreich zu sein, müßten Sie Wege finden, die es Ihrer Partnerin erleichtern, außer Haus zu gehen – nur so besteht die Hoffnung auf eine schrittweise Besserung.

Man empfindet leicht Ungeduld, wenn Veränderungen nicht rasch erfolgen oder vorübergehend Rückschritte auftreten. Aber gerade dann wird Ihre Hilfe und Unterstützung am meisten gebraucht. Verständnis und Mitgefühl sind zwar wichtig; das heißt jedoch nicht, daß Sie zuviel über die unangenehmen und ängstlichen Gefühle Ihrer Partnerin sprechen sollten, da dies gerade dazu führen könnte, die Ängste aufrechtzuerhalten. **Lob und Anerkennung** für die Bemühungen der Agoraphobikerin und Beruhigung hinsichtlich der Tatsache, daß nichts Schreckliches passieren kann, **sind weitaus wichtiger. Viel wichtiger als das Sprechen über die Übungen ist das Üben selbst – und zwar so oft wie nur möglich!**

Frage: **Wie sollten Sie sich verhalten, wenn die Agoraphobikerin es fast geschafft hat, zu einem Geschäft zu gehen, das sie zuvor gemieden hatte?**

a) Sagen Sie, wie erfreut Sie sind und schlagen Sie eine Wiederholung des erfolgreichen Vorgehens vor

b) Sagen Sie der Agoraphobikerin, sie solle ihre Leistung nicht so herausstellen, solange sie ihr Übungsziel nicht wirklich erreicht hat

c) Erfragen Sie, ob die Agoraphobikerin beunruhigende, panikartige Gefühle in den angstbesetzten Situationen erlebt hat

d) Geben Sie den Ratschlag, dies spezielle Geschäft für eine Weile nicht mehr aufzusuchen

Frage: **Wie sollten Sie sich verhalten, wenn die Agoraphobikerin es fast geschafft hat, zu einem Geschäft zu gehen, das sie zuvor gemieden hatte?**

Antworten:

a) Sagen Sie, wie erfreut Sie sind und schlagen Sie eine Wiederholung des erfolgreichen Vorgehens vor

Richtig! Es ist wichtig, jede Bemühung zu unterstützen, denn mehrere Versuche können notwendig sein, bevor ein endgültiger Erfolg sichtbar wird.

b) Sagen Sie der Agoraphobikerin, sie solle ihre Leistung nicht so herausstellen, solange sie ihr Übungsziel nicht wirklich erreicht hat

Es mag sein, daß Ihre Partnerin aus Ihrer Sicht nicht sehr erfolgreich gewesen ist, aber der Versuch wurde unternommen und das sollte unbedingt gewürdigt werden.

c) Erfragen Sie, ob die Agoraphobikerin beunruhigende, panikartige Gefühle in den angstbesetzten Situationen erlebt hat

Dies könnte die Agoraphobikerin dazu veranlassen, über ihre Angst und die damit verbundenen körperlichen Beschwerden immer intensiver nachzudenken. Auf diese Weise könnten sich die Ängste weiter verstärken. Hören Sie solange zu, wie Ihre Partnerin, um sich „Luft zu machen", noch über diese Gefühle reden möchte. Helfen Sie aber, so früh wie möglich auf ein nicht angsterzeugendes Thema zu wechseln.

d) Geben Sie den Ratschlag, dies spezielle Geschäft für eine Weile nicht mehr aufzusuchen

Falsch. Das Geschäft vorerst zu meiden, würde dazu führen, daß sich die Ängste wieder verstärken würden. Dadurch wäre es das nächste Mal schwerer.

Wie Sie Unterstützung geben können, ohne Abhängigkeit zu fördern

Gemeinsame Erarbeitung der Übungsziele

Im letzten Abschnitt des ersten Teils haben wir der Agoraphobikerin erklärt, daß Sie ihr als „Partner" im Rahmen des Übungsprogrammes wirksame Hilfestellung geben können.
Bevor Sie ein Übungsziel genau festlegen, sollten Sie mit Ihrer Partnerin ein Gespräch darüber führen, welche Übungsschritte Sie beide zunächst für sinnvoll halten. Gerade Sie könnten Ziele (z.B. Kino oder Theater) vorschlagen, die von Ihrer Partnerin nun schon solange Zeit vermieden wurden, daß sie ihr nicht mehr einfallen. Sie könnten sie dann daran erinnern, daß sie früher doch einmal Spaß daran hatte. Bedenken Sie jedoch, daß letztlich Ihre Partnerin die Übungsziele selbst bestimmen muß. Finden Sie daher gemeinsam heraus, welches Übungsziel das richtige für den Anfang ist. Entscheiden Sie dies aufgrund Ihrer eigenen Erfahrungen und der Gefühle Ihrer Partnerin. Es sollte weder zu leicht sein (z.B. etwas, was Ihre Partnerin bereits gut kann) noch zu schwer sein (etwas, von dem Ihre Partnerin das Gefühl hat, sie könnte es jetzt noch nicht schaffen), sondern einen hilfreichen Kompromiß darstellen.
Wenn es etwas ist, das Sie gemeinsam durchführen könnten, dann sollten Sie auf Ihre Weise beginnen und Ihre Partnerin schrittweise dazu veranlassen, die Übungen allein durchzuführen. Beachten Sie hierzu die „Hinweise und Beispiele für die praktischen Übungen" am Ende dieses Übungsprogrammes.
Vergessen Sie nicht, Ihre Partnerin täglich danach zu fragen, welche der Übungen durchgeführt wurden und zeigen Sie deutlich, daß Sie sich über ihre Bemühungen freuen.

Frage: Was sollten Sie einer Agoraphobikerin nicht empfehlen?

a) Die Übungen Schritt für Schritt durchzuführen

b) Jemand anderen aufzufordern, das Einkaufen für sie zu erledigen

c) Täglich zu üben, außer Haus zu gehen

d) Lob und Ermutigung von anderen für die Risikobereitschaft und Anstrengungen beim Üben anzunehmen

Frage: **Was sollten Sie einer Agoraphobikerin nicht empfehlen?**

Antworten: **a) Die Übungen Schritt für Schritt durchzuführen**
Dies ist ein **guter** Ratschlag für eine Agoraphobikerin, da so Sicherheit für schwierigere Übungssituationen aufgebaut wird.

b) Jemand anderen aufzufordern, das Einkaufen für sie zu erledigen

Richtig! Es ist auf lange Sicht nicht hilfreich für eine Agoraphobikerin, wenn ihr das Einkaufen abgenommen wird. Es erleichtert ihr lediglich das Zuhausebleiben und verstärkt so das Vermeidungsverhalten.

c) Täglich zu üben, außer Haus zu gehen
Nur durch ständiges Üben in den angstbesetzten Situationen kann die Angst überwunden werden. Es ist notwendig, daß das tägliche Üben zur Gewohnheit wird.

d) Lob und Ermutigung von anderen für die Risikobereitschaft und Anstrengungen beim Üben anzunehmen
Dies ist sehr wichtig, da das Üben häufig schwierig und langweilig sein kann. Anerkennung und Ermutigung durch andere helfen der Agoraphobikerin weiter zu üben, so daß es richtig ist, sie für ihre Bemühungen zu loben.

Gemeinsame Arbeit mit dem Übungsprotokoll

Damit Sie ständig darüber informiert sind, welche Übungen Ihre Partnerin allein oder in Begleitung durchgeführt hat, sollten Sie ihr empfehlen, ein tägliches Übungsprotokoll zu führen. Außerdem sollten Sie Ihre Partnerin bitten, täglich Dauer und Ziele der Übungen zu notieren. Führen Sie auch selbst eine Liste über die vereinbarten Übungsziele, so haben Sie die Möglichkeit, die Ziele anzustreichen, wenn aus dem Übungsprotokoll hervorgeht, daß sie erreicht wurden (Sie finden die entsprechenden Formblätter im Anhang dieser Anleitung). Sobald ein Übungsziel mehrmals von Ihrer Partnerin erreicht wurde, können Sie von Zeit zu Zeit nachfragen, ob sie sich bereits in der Lage fühlt, weitere Übungsschritte zu versuchen. Vergessen Sie jedoch nicht, ihr für erreichte Übungsziele Anerkennung zu zeigen.

Beklagen Sie sich nicht und zeigen Sie keine Ungeduld, wenn der Erfolg nur schrittweise und mit gelegentlichen Rückschlägen eintritt. Erinnern Sie sich daran, daß das erste Übungsziel für eine Agoraphobikerin darin besteht, zu lernen, wie sie mit den unangenehmen Gefühlen umgehen kann. Erinnern Sie sich weiter daran, daß diese Gefühle sich von Tag zu Tag ändern können. Schenken Sie Mißerfolgen keine besondere Bedeutung, sondern ermutigen Sie Ihre Partnerin zu neuen Übungen in abgeänderter Form, vielleicht mit Ihrer Hilfe.

Grundsätzlich sollten Sie das Loben nie vergessen – weder für das Weiterüben trotz großer Anspannung noch für Übungen in zuvor vermiedenen Situationen.

Frage: **Wie sollten Sie sich verhalten, wenn Ihre Partnerin einen Übungsschritt das erste Mal erfolgreich bewältigt hat?**

a) Sie schlagen vor, die erfolgreiche Übung am nächsten Tag zu wiederholen

b) Sie empfehlen, eine Übung mit größerem Schwierigkeitsgrad durchzuführen

c) Sie machen Ihre Partnerin darauf aufmerksam, daß sie den Schwierigkeitsgrad ihrer Übungen übertrieben darstellt

d) Sie zeigen Anerkennung und empfehlen eine Pause

Frage: **Wie sollten Sie sich verhalten, wenn Ihre Partnerin einen Übungsschritt das erste Mal erfolgreich bewältigt hat?**

Antworten: **a) Sie schlagen vor, die erfolgreiche Übung am nächsten Tag zu wiederholen**

Richtig! Sobald eine angstbesetzte Situation erfolgreich bewältigt wurde, sollte diese Übung einige Male wiederholt werden, um den Erfolg zu überprüfen und das Selbstvertrauen Ihrer Partnerin zu bestärken.

b) Sie empfehlen, eine Übung mit größerem Schwierigkeitsgrad durchzuführen

Ein erster Erfolg bedeutet noch nicht, daß dieser Übungsschritt erfolgreich beendet ist. Erst nach einigen Wiederholungen ist der Erfolg gefestigt; nun können weitere Übungen begonnen werden.

c) Sie machen Ihre Partnerin darauf aufmerksam, daß sie den Schwierigkeitsgrad ihrer Übungen übertrieben darstellt

Es wird für Ihre Partnerin nicht hilfreich sein, wenn Sie ihr vorwerfen, daß sie ihre Beschwerden übertreibt (also „aus einer Mücke einen Elefanten macht"). Dies könnte nur dazu führen, daß sie entmutigt wird, weiterhin Übungen durchzuführen.

d) Sie zeigen Anerkennung und empfehlen eine Pause

Falsch. Natürlich sollten Sie Ihrer Partnerin Anerkennung zeigen, aber eine Pause vorzuschlagen wäre genau das Verkehrte. Beim Pausieren vermeidet der Agoraphobiker das Hinausgehen, das er eigentlich ständig üben muß.

Was bei Panik zu tun ist

Hilfestellung zum Verbleib in der angstauslösenden Situation

Stellen Sie sich vor, Sie und Ihre Partnerin sind gemeinsam unterwegs. Plötzlich berichtet Ihre Partnerin, daß ihr ein fremdartiges Gefühl Angst macht. **In keinem Fall** sollten Sie Ihre Partnerin sofort nach Hause bringen. Versuchen Sie, einen Rastplatz zu finden, setzen Sie sich irgendwo nieder, gehen Sie ein kleines Stück zurück – oder tun Sie irgend etwas anderes, was Ihrer Partnerin dabei helfen könnte, am Ort (oder in dessen Nähe) zu bleiben, wo die Angstgefühle entstanden sind. Fragen Sie nicht ständig, wie Ihre Partnerin sich fühlt. Führen Sie möglichst keine längeren Gespräche über die panikartigen Gefühle, dies könnte sie nur noch verstärken. Finden Sie irgend ein anderes Thema, worüber Sie sprechen können, bis Sie erkennen, daß es Ihrer Partnerin wieder besser geht. Mit der Zeit wird die Angst wieder zurückgehen. Obgleich Sie dann nach Hause gehen könnten, wäre es besser, noch eine Weile zu üben. Glücklicherweise ist es unwahrscheinlich, daß Panikgefühle gleich, nachdem sie vorhanden waren und wieder abgeklungen sind, erneut auftreten! Versuchen Sie diese Tatsache zu nutzen und Ihre Partnerin zum Weiterüben zu ermutigen.
Die goldene Regel lautet: Ermutigen Sie Ihre Partnerin, die angstbesetzte Situation nicht zu verlassen, bevor die Angst am Abklingen ist.

Frage: **Wie sollten Sie sich verhalten, wenn Ihre Partnerin plötzlich im Geschäft sehr ängstlich wird?**

a) Sie raten Ihrer Partnerin, die Situation rasch zu verlassen

b) Sie helfen Ihrer Partnerin, so schnell wie möglich nach Hause zu kommen

c) Sie empfehlen, ein anderes Geschäft aufzusuchen

d) Sie helfen Ihrer Partnerin dabei, solange in der angstbesetzten Situation zu bleiben, bis es ihr wieder besser geht

Frage: **Wie sollten Sie sich verhalten, wenn Ihre Partnerin plötzlich im Geschäft sehr ängstlich wird?**

Antworten: **a) Sie raten Ihrer Partnerin, die Situation rasch zu verlassen**
Der Rat, die Situation rasch zu verlassen, beruhigt zwar im Augenblick, verstärkt aber langfristig die Angst vor der Situation. Wenn dieses Verhalten hilfreich wäre, hätte Ihre Partnerin damit längst ihre Agoraphobie abgebaut.

b) Sie helfen Ihrer Partnerin, so schnell wie möglich nach Hause zu kommen
Wenn Sie Ihrer Partnerin dabei helfen, so schnell wie möglich nach Hause zu kommen, so wird auf diese Weise das Vermeidungsverhalten aufrechterhalten. Sie fördern damit die falsche Lernerfahrung, daß die Angst nur dann zurückgeht, wenn man nach Hause flüchtet.

c) Sie empfehlen, ein anderes Geschäft aufzusuchen
Es könnte hilfreich sein, ein anderes Geschäft aufzusuchen unter der Voraussetzung, daß es in der Nähe ist. Es besteht jedoch die Gefahr, daß die Agoraphobikerin lernt, sich vor dem ersten Geschäft zu fürchten und es zu vermeiden.

d) Sie helfen Ihrer Partnerin dabei, solange in der angstbesetzten Situation zu bleiben, bis es ihr wieder besser geht
Richtig! Wenn es möglich ist, Ihre Partnerin zu ermutigen, in der angstbesetzten Situation zu bleiben, wird es ihr zukünftig leichter fallen, die Angst zu bewältigen.

Hilfestellung zum Wiederaufsuchen einer angstauslösenden Situation

Gelegentlich – besonders wenn sie alleine übt – mag es Ihrer Partnerin unmöglich sein, solange in der angstbesetzten Situation zu bleiben, bis die Angst oder die Panik wieder abklingt. Wenn sie aus so einer Übungssituation geflüchtet ist, sollten Sie versuchen, sie zu ermutigen, mit Ihnen zum gleichen Ort zurückzukehren.
Wenn es ihr nicht gelingt, alleine oder mit Ihrer Hilfe die Übung so schnell wie möglich zu wiederholen, kann es sein, daß ein „Rückschritt" eintritt, d.h. daß dieser Übungsabschnitt oder andere ähnliche Übungen wieder schwieriger erscheinen. Das ist jedoch kein Grund zur Aufregung – stellen Sie diese Übung zurück und schlagen Sie Zwischenschritte vor. Ist dies ohne Verzögerung möglich, so entwickeln sich aus dem Rückschritt rasch wieder Fortschritte. Wenn Ihre Partnerin über die Zwischenschritte wieder an die letzte zu schwierige Übungssituation herangekommen ist, könnte diese sich gelegentlich immer noch als zu schwierig erweisen. Raten Sie Ihrer Partnerin dann, mit anderen Übungen fortzufahren und die jetzt noch zu schwierige später wieder zu versuchen.

Frage: **Sie fahren gemeinsam Bus – in Panik beschließt Ihre Partnerin, den Bus eher als vereinbart zu verlassen.**
Wie sollten Sie sich verhalten?

a) Sie bestehen darauf, daß Ihre Partnerin in den nächstfolgenden Bus einsteigt

b) Sie machen einen erneuten Versuch, gemeinsam in einen Bus zu steigen, sobald die Angst schwächer geworden ist

c) Sie fordern Ihre Partnerin auf, diese Übung das nächste Mal alleine zu machen

d) Alle Antworten sind richtig

Frage: **Sie fahren gemeinsam Bus – in Panik beschließt Ihre Partnerin, den Bus eher als vereinbart zu verlassen.**
Wie sollten Sie sich verhalten?

Antworten:

a) Sie bestehen darauf, daß Ihre Partnerin in den nächstfolgenden Bus einsteigt
Hiermit können Sie gelegentlich Erfolg haben. Ihre Partnerin könnte aber auch sehr verärgert reagieren, sich unverstanden fühlen und sich aus diesem Grunde weigern, es erneut zu versuchen. Das Resultat wäre dann lediglich ein Streitgespräch, das weitere Übungen behindern oder unmöglich machen würde. Ist es Ihnen also einmal nicht gelungen, Ihre Partnerin davon zu überzeugen, bei Panik bis zu deren Abklingen in der angstbesetzten Situation zu verbleiben, sollten Sie in der Regel eher warten, bis die Angst nachgelassen hat, bevor Sie weitere Schritte besprechen.

b) Sie machen einen erneuten Versuch, gemeinsam in einen Bus zu steigen, sobald die Angst schwächer geworden ist
Richtig! Wenn ein Verbleiben in der angstbesetzten Situation während der Panik nicht möglich war, so ist es das Beste, einen erneuten Versuch zu starten, sobald die Angst etwas nachgelassen hat.

c) Sie fordern Ihre Partnerin auf, diese Übung das nächste Mal alleine zu machen
Falsch. Es wird voraussichtlich für Ihre Partnerin noch schwieriger sein, diese Übung allein durchzuführen, so daß kaum Aussicht auf Erfolg besteht.

d) Alle Antworten sind richtig
Nein, einige der Antworten sind nicht zu empfehlen.

Die Bedeutung von Anerkennung und Ermutigung

Wann Anerkennung gegeben werden sollte

Damit sich die Agoraphobikerin an das regelmäßige Üben gewöhnt und dies beibehält, ist es ausgesprochen wichtig, daß sie ständig ermutigt wird – besonders vom (Ehe-)Partner, von Verwandten und Freunden.
Um dies geduldig und verständnisvoll tun zu können, erinnern Sie sich bitte daran, daß die Übungen zum einen vorübergehende Ängste auslösen, zum anderen aber auch eher langweilig und zugleich harte Arbeit sein können. Die Übungen wirken sich auf die Agoraphobikerin meist also erst einmal unangenehm und belastend aus. Verständlicherweise könnte sie daher leicht denken: „die Mühe lohnt sich ja doch nicht" – und das Üben somit einstellen. Wenn dies geschieht, ist die Schlacht verloren. Um dies zu vermeiden, sollten Sie alles dahingehend organisieren, daß die Bemühungen Ihrer Partnerin beim Üben, um zum Normalzustand zurückzukehren, anerkannt und belohnt – d.h. „verstärkt" – werden. Mit Geduld und Ausdauer werden Sie und Ihre Partnerin erfahren, daß die anfangs eher unangenehmen und belastenden Übungen schließlich den gewünschten Effekt des Angstabbaus in den betreffenden Situationen erzielen.

Frage: Wie sollten Sie sich verhalten, damit das Üben zu einer festen Gewohnheit wird?

a) Sie sollten Ihre Partnerin häufiger loben

b) Sie sollten Ihre Partnerin loben, wenn sie gerade eine Übung erfolgreich durchgeführt hat

c) Sie sollten Ihre Partnerin kritisieren, wenn sie keine Übung durchgeführt hat

d) Keine dieser Antworten ist richtig

Frage: **Wie sollten Sie sich verhalten, damit das Üben zu einer festen Gewohnheit wird?**

Antworten:

a) Sie sollten Ihre Partnerin häufiger loben
Es ist nicht notwendig, Ihre Partnerin ständig zu loben. Sie bestärken ein bestimmtes Verhalten, indem Sie Ihre Anerkennung gezielt darauf ausrichten.

b) Sie sollten Ihre Partnerin loben, wenn sie gerade eine Übung erfolgreich durchgeführt hat
Richtig! Sie verstärken Verhalten am besten, indem Sie Anerkennung direkt für das gerade durchgeführte Verhalten geben.

c) Sie sollten Ihre Partnerin kritisieren, wenn sie keine Übung durchgeführt hat
Kritik zu üben ist der falsche Weg. Sie kann eher negative Auswirkungen haben, z.B. könnte Ihre Partnerin sie Ihnen übelnehmen und genau das Gegenteil tun.

d) Keine dieser Antworten ist richtig
Falsch. Eine dieser Antworten ist richtig.

Wie Anerkennung gezeigt werden sollte

Vergessen Sie nicht, **täglich** danach zu fragen, wie die Übungen verlaufen sind. Es wird jedoch nicht weiter helfen, bei ausbleibendem Fortschritt Kritik zu üben. Unabhängig vom Ergebnis der Übungen ist entscheidend und anzuerkennen, daß Ihre Partnerin überhaupt den Versuch gewagt hat. Diskutieren Sie regelmäßig den Verlauf der Übungen. Versuchen Sie Wege zu finden, mit deren Hilfe die bestehenden Schwierigkeiten überbrückt werden können.

Es kann hilfreich sein, wenn andere Familienmitglieder, Freunde oder Bekannte über die Beschwerden Ihrer Partnerin informiert sind. Sie hat dann nicht mehr die Anspannung, dauernd etwas „verbergen" zu müssen. Darüber hinaus besteht die Chance, auf vielleicht nicht erwartetes Verständnis und Hilfsbereitschaft zu treffen. Versuchen Sie daher, Ihre Partnerin zu ermutigen, diese oder andere wichtige Personen „einzuweihen".

Machen Sie kleine Geschenke als Anerkennung dafür, daß ein gesetztes Ziel durch Üben erreicht wurde. Denken Sie auch an die Möglichkeit, gemeinsam mit Ihrer Partnerin etwas Schönes zu unternehmen.

Frage: Warum ist das Verstärken der Bemühungen durch Lob oder kleine Aufmerksamkeiten ein wichtiger Teil der Behandlung?

a) Es stimmt Ihre Partnerin insgesamt glücklicher

b) Es verstärkt die Verbindung zwischen den Anstrengungen Ihrer Partnerin und angenehmen Gefühlen

c) Es zeigt Ihrer Partnerin, daß Sie sie gern haben

d) Alle Antworten sind richtig

Frage: **Warum ist das Verstärken der Bemühungen durch Lob oder kleine Aufmerksamkeiten ein wichtiger Teil der Behandlung?**

Antworten: **a) Es stimmt Ihre Partnerin insgesamt glücklicher**
Wenn Sie die Fortschritte Ihrer Partnerin damit unterstützen, mag Ihre Partnerin sich wohl glücklicher fühlen. Grundsätzlich jedoch reichen Gefühle des Glücks allein nicht aus, um beim Üben soviel Mühe aufzuwenden, daß die auftretenden Probleme bewältigt werden können.

b) Es verstärkt die Verbindung zwischen den Anstrengungen Ihrer Partnerin und angenehmen Gefühlen

Richtig! Es führt schrittweise dazu, daß eine bisher überwiegend mit Angst und anderen unangenehmen Gefühlen in Zusammenhang gebrachte Situation zunehmend mit positiven Erlebnissen in Verbindung gebracht wird.

c) Es zeigt Ihrer Partnerin, daß Sie sie gern haben
Die Tatsache, daß Sie Ihre Partnerin gern haben, hat die Entstehung der Agoraphobie nicht verhindern können. Durch Ihre Zuneigung allein wird sie daher auch kaum abzubauen sein. Eine wirksame Hilfestellung für Ihre Partnerin zur Durchführung der Übungen liegt jedoch in gezielter Zuwendung und Anerkennung zum „richtigen" Zeitpunkt: sowohl nachdem die Entscheidung für eine konkrete Übung getroffen wurde, als auch unmittelbar nach Beendigung der Übung.

d) Alle Antworten sind richtig
Falsch. Nicht alle Antworten sind richtig.

Anerkennung und Stabilisierung über regelmäßige Aktivitäten außer Haus

Viele Agoraphobikerinnen sind Hausfrauen, die außerhalb der Wohnung keinen weiteren Arbeitsplatz haben. In diesem Fall ist es das Beste, um einen Fortschritt zu erreichen, außerhalb des Hauses eine regelmäßige, möglichst bezahlte Beschäftigung zu finden.
Das extra verdiente Geld kann für spezielle Wünsche ausgegeben werden, die sonst nur schwer erfüllbar gewesen wären. Wenn jedoch eine bezahlte Tätigkeit nicht möglich ist, wäre es wichtig, andere Möglichkeiten, wie eine ehrenamtliche Tätigkeit, zu suchen oder einem attraktiven Hobby nachzugehen. Ebenso ist es wichtig, öfter wieder Freunde zu besuchen.
Alle diese Tätigkeiten helfen aus zweierlei Gründen: zum einen führen sie zu vermehrter Praxis in der Benutzung von Verkehrsmitteln, zum anderen bauen sie die meist schon eingetretene soziale Isolierung wieder ab. Alle diese Aktivitäten können schon wieder Spaß machen, obwohl die phobischen Ängste noch vorhanden sind: die wiederentdeckte Freude im Freundeskreis, die Neugierde beim Stadtbummel oder die Entspannung nach dem Sport können rasch für Ihre Partnerin wieder größere Bedeutung bekommen als die Ängste auf den Wegen dorthin. Es ist grundsätzlich nicht gut, damit so lange zu warten, bis es Ihrer Partnerin („von selbst") wieder besser geht. Im Gegenteil: je eher all diese Schritte eingeleitet werden, um so früher wird es Ihrer Partnerin wieder besser gehen.

Ihnen fallen vielleicht noch andere oder bessere Möglichkeiten ein, um Ihre Partnerin zum Üben zu ermutigen. Bedenken Sie dabei, Ihrer Partnerin möglichst angenehme Erlebnisse in Zusammenhang mit dem Üben zu vermitteln.

Frage: Warum sind eine Arbeit oder andere Beschäftigung außer Haus hilfreich für eine Behandlung?

a) Das Geld wäre nützlich

b) Es fördert die Selbstdisziplin

c) Es ermöglicht Ihrer Partnerin, finanziell unabhängiger zu werden

d) Es ist eine wichtige Möglichkeit, Bestärkung und Anerkennung außerhalb des Hauses zu finden

Frage: **Warum sind eine Arbeit oder andere Beschäftigung außer Haus hilfreich für eine Behandlung?**

Antworten: **a) Das Geld wäre nützlich**
Sicherlich ist zusätzlich verdientes Geld nützlich, aber Geld an sich hilft nicht notwendigerweise bei der Behandlung! Es gibt andere Begründungen dafür, warum Arbeit oder andere Interessen außer Haus für eine Agoraphobikerin hilfreich sind.

b) Es fördert die Selbstdisziplin
Ja. Wenn Sie aber mit Selbstdisziplin ein spezielles Verhalten meinen, wäre dieses wahrscheinlich: „sich zielgerichteter verhalten". Die Frage ist: Wie kann Arbeit einem Agoraphobiker helfen, sich anders zu verhalten?

c) Es ermöglicht Ihrer Partnerin, finanziell unabhängiger zu werden
Eine Arbeit mag zwar zur finanziellen Unabhängigkeit beitragen – aber dies wäre nicht notwendigerweise auch hilfreich bei der Durchführung der Übungen.

d) Es ist eine wichtige Möglichkeit, Bestärkung und Anerkennung außerhalb des Hauses zu finden

Richtig! Eine Arbeit oder andere Interessen können sich bestärkend auf den Ausbau von Aktivitäten außerhalb des Hauses auswirken – und damit zur Bewältigung der Agoraphobie beitragen.

Hinweise und Beispiele für die praktischen Übungen

Wenn Sie bereit sind, mit den Übungen zu beginnen, lesen Sie sich die jetzt folgenden Abschnitte **„Vor Übungsbeginn“** sowie **„Während der Übungen“** durch.
Wenn die Übungen, die Sie sich vorgenommen haben, unter die Übungsabschnitte: „Spazierengehen, Einkaufen, Bus und Bahn, Kino und Café“ fallen, dann sollten Sie jeweils die speziellen Beispiele in der Planungsphase vor Übungsbeginn lesen.

Vor Übungsbeginn

1. Nachdem Sie sich versichert haben, daß Ihre Partnerin sich in der Lage fühlt, mit einer neuen Übung zu beginnen, helfen Sie mit einem klaren Vorschlag, was Ihre Partnerin üben könnte. Eine bestimmte Übung sollte **so oft** wiederholt werden, bis eine hinreichende Gewöhnung (mit Angstabbau) an die Übungssituation eingetreten ist; sie sollte aber nicht **zu oft** wiederholt werden, da sie sonst zu einem Vermeidungsverhalten hinsichtlich des nächst schwierigeren Übungsabschnittes führen würde! Als Richtlinie hat sich die dreimalige Wiederholung einer Übungssituation bewährt.

2. Grundsätzlich sollten Sie Ihrer Partnerin die Entscheidung überlassen. Es wäre nicht sinnvoll, sie zu einer Übung zu veranlassen, der sie sich noch nicht gewachsen fühlt. Denken Sie daran, daß sich die Gefühle Ihrer Partnerin von Tag zu Tag ändern können. Wenn die Übung erfolgreich verlaufen soll, müssen Sie und Ihre Partnerin sich vorher über die Zielsetzung einig sein!

3. Ihre Partnerin kann besser beurteilen, welche Übungssituationen schwieriger als andere sind. Machen Sie Übungsvorschläge, aber gehen Sie nicht davon aus, daß Sie die richtige Antwort kennen.

4. Wenn Ihre Partnerin vor einer Übungssituation zögert, einigen Sie sich soweit, daß sie es doch **versucht.** Beruhigen Sie sie, indem Sie ihr mehrere Alternativ-Vorschläge machen, auf die sie bei Schwierigkeiten zurückgreifen kann. Gewöhnlich werden die Übungen besser verlaufen, als Ihre Partnerin es erwartet hat.

5. Versuchen Sie, einige Übungen einzubauen, die Ihre Partnerin allein durchführen kann, auch wenn Sie noch in der Nähe sein müssen (in Reichweite oder am Telefon). Auf diese Weise tragen Sie dazu bei, daß Ihre Partnerin nicht zu abhängig von Ihrer Gegenwart wird.

6. Achten Sie auf „Entschuldigungen“, die das Üben verhinderten – z.B. Hausarbeit, die noch dringend zu erledigen ist, Briefe, die noch zu schreiben sind, Kopfschmerzen usw. ... Dies mag zwar alles stimmen, doch schlagen Sie vor, daß Ihre Partnerin trotzdem eine Übung versucht – versuchen Sie jedoch nicht, diesen Vorschlag unbedingt durchzusetzen.

7. Es könnte sein, daß Ihre Partnerin sich darüber beklagt, daß sie nach den Übungen sehr erschöpft und müde ist. Dies ist nicht überraschend, da Ihre Partnerin längere Gehstrecken nicht mehr gewöhnt ist. Es könnte sehr hilfreich sein, wenn Sie Ihre Partnerin zu regelmäßigen Fitness-Übungen ermutigen. Viele „Symptome“, die während der ersten Übungstage auftreten werden, könnten ein Ausdruck dafür sein, daß Ihre Partnerin keine Kondition hat. Die eigentlich harmlosen Kreislaufreaktionen auf die vermehrte körperliche Belastung (z.B. schneller Herzschlag) könnten sogar fälschlicherweise als Angstsymptome ausgelegt werden und dann unnötig die Übungen erschweren.

Während der Übungen

1. Sollten Sie bemerken, daß Ihre Partnerin angespannt ist (z.B. zu schnelles Sprechen oder Atmen, zu schnelles Gehen), empfehlen Sie, alles langsam angehen zu lassen und sich natürlich zu verhalten. Loben Sie Ihre Partnerin, wenn sie ihr Verhalten ändert.

2. Reden Sie mit Ihrer Partnerin über Dinge, die sie interessieren. Wenn Sie gemeinsam das Haus verlassen haben, wecken Sie die Interessen Ihrer Partnerin für die Dinge in der Umgebung, wie z.B. Schaufenstereinlagen. Denken Sie daran, nicht mehr über die Angstgefühle Ihrer Partnerin zu reden, als unbedingt notwendig.

3. Obwohl Sie die Übungsabschnitte im voraus geplant und diskutiert haben sollten, könnte es sein, daß die Übungen so gut verlaufen, daß sie unterwegs auch schwierigere als geplant vorschlagen können. Gelegentlich gelingen neue Übungen sogar besser, wenn sie spontan versucht werden. Dieses Vorgehen sollten Sie jedoch nur wählen, wenn Sie die Belastbarkeit Ihrer Partnerin einschätzen können.

4. Sollte es notwendig sein, eine Übung mehrere Male zu wiederholen, können Sie die Übungsschritte geringfügig verändern. Zum Beispiel könnten Sie eine andere Strecke oder Tageszeit wählen, so daß Ihre Partnerin sich an leicht veränderte Bedingungen gewöhnt.

5. Wenn Sie geplant haben, Bekannte zu besuchen oder wenn Sie Termine beim Friseur oder Zahnarzt vereinbart haben, ist es oft hilfreich, wenn die betreffenden Personen über die Schwierigkeiten Ihres Partners Bescheid wissen. Versuchen Sie, Ihre Partnerin zu ermutigen, diese Personen vorweg über ihre Beschwerden zu informieren und darauf hinzuweisen, daß sie sich schlecht fühlen und den Wunsch haben könnte, schnell wieder zu gehen. Wenn Agoraphobikerinnen wissen, daß sie „notfalls" die Stituation verlassen können, fühlen sie sich dort nicht wie „in einer Falle gefangen" und haben dementsprechend weniger den Drang, fliehen zu müssen.

6. Da nicht auszuschließen ist, daß einmal etwas nicht gelingt, sollten Sie für diesen Fall grundsätzlich gemeinsam Vorkehrungen treffen. Es ist oft hilfreich, wenn Sie für Ihre Partnerin telefonisch erreichbar sind oder eine feste Kontaktmöglichkeit vereinbart haben. Haben Sie beispielsweise einen festen Treffpunkt vereinbart, klären Sie grundsätzlich vorher, was jeder von Ihnen tun kann, falls Sie sich verpassen. (Dies kann gelegentlich passieren).

Standard-Übungen im Detail

Auf den restlichen Seiten finden Sie Vorschläge für die folgenden, in Therapien regelmäßig aufgesuchten Übungssituationen: Spazierengehen, Geschäfte, Busse, Züge, Kinos und Restaurants.
Diese Vorschläge dienen als Richtschnur und sind annähernd nach dem Schwierigkeitsgrad geordnet. Sollten Sie Zwischenübungen suchen, lesen Sie sich die geeigneten Abschnitte durch. Es handelt sich hierbei lediglich um einen Vorschlag. Sie sollten auswählen, was Sie benötigen, etwas hinzufügen oder auch auslassen – je nach den persönlichen Bedürfnissen Ihrer Partnerin.

Spazierengehen

Es ist oft einfacher, mit jemandem zusammen spazieren zu gehen, als allein. Trifft dies für Ihre Partnerin zu, könnten Sie folgende Übungen machen:

1. Entfernen Sie sich gemeinsam so weit von zu Hause, wie Ihre Partnerin es sich zutraut. Bleiben Sie, wenn Sie Ihr Ziel erreicht haben, möglichst eine Weile dort, bevor Sie zurückgehen.

2. Wiederholen Sie Übung 1, bleiben Sie aber ein Stück hinter Ihrer Partnerin zurück.

3. Machen Sie beide einen Spaziergang im Kreis, jedoch in entgegengesetzte Richtungen, so daß Sie in der Mitte aneinander vorbeilaufen.

4. Gehen Sie auf getrennten Wegen zu einem vereinbarten Ort. Vergewissern Sie sich, daß Sie beide genau wissen, wo sich dieses Ziel befindet. Es sollte soweit wie möglich von zu Hause entfernt liegen. Sie sollten **zuerst** diesen Ort erreichen und Ihre Partnerin dort erwarten.

5. Ihre Partnerin verläßt zuerst und allein das Haus, Sie treffen sich dann später an einem vereinbarten Ort und zum abgesprochenen Zeitpunkt. (Klären Sie genau, ob Ihre Partnerin Sie richtig verstanden hat und verängstigen Sie sie nicht dadurch, daß Sie eine abgesprochene Vereinbarung nicht einhalten).

6. Ihre Partnerin macht eine Übung allein, Sie bleiben zu Hause. (Wiederholung dieser Übung, indem die Entfernung von zu Hause schrittweise vergrößert wird).

7. Ihre Partnerin macht Übungen allein, ohne daß Sie zu Hause sind. Die Entfernung von zu Hause sollte ständig vergrößert werden. Außer Ihrer Abwesenheit können auch andere Dinge die Übung beeinflussen (z.B. Wetterlage, Anzahl anderer Personen in der Übungssituation). Bestimmte Plätze, Brücken usw. können beim Üben besondere Schwierigkeiten bereiten. Achten Sie auf diese Übungssituationen und vereinbaren Sie auch hierfür in ähnlicher Weise Übungsschritte.

Geschäfte

Übungen in großen überfüllten Kaufhäusern und Supermärkten sind gewöhnlich besonders schwierig. Wenn dies für Ihre Partnerin zutrifft, können Sie die folgenden Übungen durchführen:

1. Gehen Sie gemeinsam zu einer ruhigen Zeit in das ausgewählte Geschäft.

2. Gehen Sie gemeinsam ins Geschäft, aber trennen Sie sich dort für eine kurze Zeit.

3. Warten Sie draußen, während sich Ihre Partnerin für kurze Zeit im Geschäft aufhält. (Bleiben Sie in Blickweite).

4. Gehen Sie für einen vereinbarten Zeitraum vom Geschäft fort, während Ihre Partnerin im Geschäft bleibt.

5. Steigern Sie gemeinsam die Zeit, die Ihre Partnerin allein im Geschäft verbringt, bevor Sie sich wieder treffen.

6. Ihre Partnerin geht allein zum Einkaufen und kehrt auch allein wieder zurück. (Besprechen Sie, ob Ihre Partnerin in alle unterschiedlichen Abteilungen und Stockwerke des Geschäftes gehen konnte).

7. Die Einkaufsübungen werden zu besonders belebten Geschäftszeiten oder in besonders belebten Geschäften wiederholt.

Im Kaufhaus können besondere Schwierigkeiten auftreten, auf die Sie achten sollten – Menschenschlangen, Kellergeschoß, Rolltreppen usw. Für diese Situationen sind spezielle Übungen notwendig.

Busse

Viele Menschen haben Schwierigkeiten Bus zu fahren, meinen aber, sie bräuchten sich damit nicht zu quälen – besonders wenn sie ein Auto besitzen. Es ist aber wichtig, auch die Angst in Bussen oder anderen öffentlichen Verkehrsmitteln zu bewältigen. Sind Sie im Zweifel, ob Busfahren zu den angstbesetzten Situationen gehört, schließen Sie diese Übung mit ein.
Probieren Sie folgende Übungen, wenn Ihre Partnerin Schwierigkeiten hat, allein Bus zu fahren!

1. Gehen Sie zur Bushaltestelle und warten Sie dort, ohne einzusteigen.

2. Machen Sie gemeinsam eine kurze Busfahrt von zwei bis drei Haltestellen.

Falls Sie einen Wagen verfügbar haben:

3. Ihre Partnerin fährt mit dem Bus. Sie folgen dem Bus mit Ihrem Pkw und nehmen Ihre Partnerin am Zielort wieder auf.

4. Ihre Partnerin fährt im Bus, während Sie eine andere Strecke mit dem Pkw fahren. Sie treffen sich dann an einer vereinbarten Haltestelle.

Falls Sie keinen Wagen zur Verfügung haben:

5. Fahren Sie gemeinsam in einem Bus, aber setzen Sie sich auf getrennte Plätze (möglichst außer Sichtweite voneinander).

6. Ihre Partnerin fährt allein zu einer vereinbarten Haltestelle. Sie gehen oder fahren voraus, so daß Sie die verabredete Haltestelle vor Ihrer Partnerin erreichen.

7. Ihre Partnerin fährt allein mit dem Bus und kehrt auch alleine zurück. (Sie können sich in der Nähe aufhalten oder in der Nähe eines Telefons).

8. Dehnen Sie die Busfahrten stufenweise aus, so daß Ihre Partnerin längere Strecken allein zu fahren lernt.

Züge (U- und S-Bahnen)

1. Fahren Sie mit dem Zug eine Station und wieder zurück.

2. Fahren Sie gemeinsam, aber setzen Sie sich in getrennte Abteile.

3. Fahren Sie getrennt (Sie fahren mit dem Zug oder mit dem Auto voraus) und treffen Sie sich auf dem Ziel-Bahnsteig.

4. Ihre Partnerin fährt allein hin und zurück.

5. Erweitern Sie die Übungen stufenweise, bis Ihre Partnerin weitere Strecken alleine fahren kann.

Kinos (Theater, Konzerte, Kirchen usw.)

Sind diese Orte für Ihre Partnerin ein attraktives Übungsziel, lassen Sie sie den Film oder die Veranstaltung, an der sie am meisten Freude hat, aussuchen.
Versuchen Sie möglichst, vor dem Kino Verzögerungen zu vermeiden, bevor Sie hineingehen.

1. Gehen Sie gemeinsam und suchen Sie einen Platz, von wo aus Ihre Partnerin leicht den Raum verlassen kann (am Ende einer Reihe oder nahe am Ausgang). Gehen Sie zu einer ruhigen Zeit.

2. Fällt es Ihrer Partnerin schwer, die Möglichkeit, den Raum verlassen zu können, wirklich zu nutzen (z.B. weil sie meint, im Kino andere Besucher damit zu „belästigen" oder sonst unangenehm aufzufallen), so ermutigen Sie sie, durch eine kleine Übung diese Hemmschwelle zu überwinden. Sie sollte am besten einmal kurz hinausgehen und gleich wiederkommen – obwohl die eigentliche phobische Angst noch gar nicht aufgetreten ist. Dann weiß sie, daß sie es kann – für den Fall, daß es nötig werden sollte.

3. Dehnen Sie die Übungsschritte aus, indem Sie sich auf die Mittelplätze setzen und in die ersten Reihen. Im Kino können Sie diese Übung stufenweise während einer Pause einbauen.

4. Wiederholen Sie die Übung zu einem Zeitpunkt, wo das Kino stärker besucht ist (Samstagabend).

Restaurants

Diese Übungen können sehr gut während der Pause in einer anderen Übungssituation durchgeführt werden. Führen Sie sie in ähnlicher Weise durch, wie es unter „Kinos“ beschrieben wurde. Lassen Sie Ihre Partnerin einen Platz aussuchen, den sie mag; vermeiden Sie jedoch Restaurants, in denen Sie lange warten müssen.

1. Gehen Sie gemeinsam in ein Lokal und bestellen Sie etwas, was nicht unbedingt zu Ende gegessen werden muß (z.B. Kaffee und Kuchen). Anfangs ist es sicherlich leichter, ein Selbstbedienungsrestaurant aufzusuchen, möglichst zu einer ruhigen Zeit.

2. Sie verlassen das Lokal für eine kurze Zeit und kehren wieder zurück.

3. Ihre Partnerin sollte ebenso das Lokal für kurze Zeit verlassen und wieder zurückkehren.

4. Ihre Partnerin sucht das Lokal zunächst allein auf, Sie folgen später.

5. Weitere Übungssituationen, die Ihre Partnerin allein durchführen sollte, sind:
   - sich zu Fremden an den Tisch setzen
   - volle Restaurants während der Mittagszeit aufzusuchen usw.

Antwortbogen/Teil II

Markieren Sie den (die) von Ihnen gewählten Antwortbuchstaben in der Tabelle unten. Überprüfen Sie, ob Ihre Antwort richtig ist, indem Sie auf die Antwortseite zur soeben gelesenen Frage zurückblättern.

Fragen:	Antworten: a	b	c	d
S. 75	....	....	....	....
S. 77	....	....	....	....
S. 79	....	....	....	....
S. 81	....	....	....	....
S. 83	....	....	....	....
S. 85	....	....	....	....
S. 87	....	....	....	....
S. 89	....	....	....	....
S. 91	....	....	....	....
S. 93	....	....	....	....

Im Anhang finden Sie die Kopiervorlage für eine Liste der Übungssituationen.
Hier können Sie Übungsziele eintragen und jeweils notieren, wann eine Übungssituation erstmals erfolgreich aufgesucht wurde. Auf diese Weise können Sie den Übungsfortschritt feststellen.

Anhang

Fragebögen I F I

Datum: ....
(vor der Übungsphase)

Code*: ☐☐☐☐☐☐☐
(3 Buchstaben) (4 Zahlen)

Bitte, füllen Sie diese Fragebögen aus, <u>bevor Sie mit den Übungen in den angstbesetzten Situationen beginnen!</u>

Unter welchen Bedingungen werden Sie das Übungsprogramm durchführen?

1. Unter Anleitung eines Therapeuten ( )
2. Unter Therapeutenanleitung mit Einbeziehung des Partners als Ko-Therapeut ( )
3. Eigenständig mit Hilfestellung des Partners ( )
4. Allein, nur mit Unterstützung des Selbsthilfe-Programmes ( )

* Bitte tragen Sie diese von Ihnen gewählte Code-Nummer <u>jetzt gleich</u> auch bei den Fragebögen II (S. 121) und den Fragebögen III (S. 127) ein.

Falls Sie eine Rückmeldung wünschen, notieren Sie bitte Ihre Anschrift:

....
(Name/Vorname)

....
(Straße/Hausnr.)

....
(PLZ/Wohnort)

I. Allgemeiner Agoraphobie-Fragebogen

Geben Sie bitte an, in welchem Ausmaß Sie in den unten aufgelisteten Situationen Angst empfinden. Wählen Sie auf der unten stehenden Skala die Zahl, die für das Ausmaß Ihrer Angst zutrifft und tragen Sie diese Zahl (von 0 bis 3) rechts in den jeweiligen Kasten ein.

0	1	2	3
0 = keine Angst	1 = unbehaglich, leichte Angst	2 = starke Angst	3 = panische Angst

1. Auf Straßen oder großen, weiten Plätzen .... ☐
2. Beim Einkaufen .... ☐
3. Mit der U-Bahn fahren .... ☐
4. Mit dem Zug fahren .... ☐
5. Mit dem Schiff fahren .... ☐
6. Mit dem Bus fahren .... ☐
7. Mit dem Auto fahren .... ☐
8. Mit dem Flugzeug fliegen .... ☐
9. In überfüllten Geschäften .... ☐
10. Im Kino, Theater oder in der Kirche .... ☐
11. Durch einen Tunnel fahren .... ☐
12. Bei Sport- oder anderen Freiluftveranstaltungen .... ☐
13. In Fahrstühlen .... ☐
14. Beim Friseur .... ☐
15. Auf Türmen oder in Hochhäusern .... ☐
16. Auf Brücken .... ☐

Bitte addieren Sie Ihre Angstwerte von 1.–6. und von 8.–14. Die Werte von 7, 15 und 16 also nicht mit einbeziehen.

Gesamtsumme: ☐

II. Stimmungsfragebogen

Lesen Sie bitte die folgenden Feststellungen sorgfältig durch und kreuzen Sie diejenige Antwort an, welche am ehesten anzeigt, wie Sie sich im Moment fühlen. Dabei ist es sehr wichtig, daß Sie darauf achten, wie Sich sich **gegenwärtig** fühlen und nicht, wie es in der Vergangenheit war oder wie es für die Zukunft zu wünschen wäre.

	stimmt genau	stimmt in etwa	nein, kaum	nein, überhaupt nicht
Ich fühle mich unglücklich und traurig	....	....	....	....
Ich finde es leicht, die Dinge zu tun, an die ich gewöhnt bin	....	....	....	....
Ich werde ohne erkennbaren Grund sehr ängstlich oder gerate in Panik	....	....	....	....
Es gibt Zeiten, in denen ich mich zum Weinen fühle, oder sogar weinen muß	....	....	....	....
Ich habe an allen Dingen Freude wie früher	....	....	....	....
Ich bin unruhig und rastlos	....	....	....	....
Ich kann gut ohne Tabletten einschlafen	....	....	....	....
Ich fühle mich ängstlich, wenn ich allein aus dem Haus gehe	....	....	....	....
Ich habe mein Interesse an vielen Dingen verloren	....	....	....	....
Ich werde ohne Grund müde	....	....	....	....
Ich bin gereizter als gewöhnlich	....	....	....	....
Ich wache in der Nacht auf und schlafe danach schlecht weiter	....	....	....	....

III. Persönlicher Agoraphobie-Fragebogen

1. Notieren Sie auf der folgenden Liste diejenigen angstauslösenden Situationen, die Ihr Leben am meisten beeinträchtigen:

   a) ....

   b) ....

   c) ....

   d) ....

   e) ....

   f) ....

   g) ....

   h) ....

   i) ....

   j) ....

2. Geben Sie für jede oben (unter 1.) aufgeführte Situation (a bis j) das Ausmaß an Angst an, das Sie empfinden würden, wenn Sie jetzt in diese Situation gehen müßten. Beurteilen Sie die Angst dabei nach der folgenden Skala:

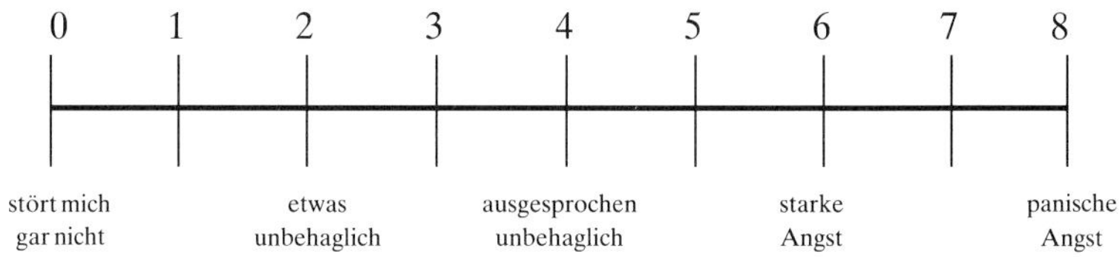

Notieren Sie bitte in der folgenden Liste Ihre Angstwerte:

Situation	Angstwert	Situation	Angstwert
a	....	f	....
b	....	g	....
c	....	h	....
d	....	i	....
e	....	j	....

Gesamtsumme: ☐

3. Geben Sie bitte entsprechend der folgenden Skala an, wie stark Sie gegenwärtig dazu neigen, die (unter 1.) aufgeführten Situationen zu vermeiden:

0	1	2	3	4	5	6	7	8
ich meide diese Situation nie		ich zögere, wenn die Situation bevorsteht, aber ich meide sie selten		manchmal vermeide ich die Situation		für gewöhnlich vermeide ich die Situation		ich vermeide die Situation immer

Notieren Sie bitte auf der folgenden Liste Ihre Vermeidungswerte:

Situation	Vermeidung	Situation	Vermeidung
a	....	f	....
b	....	g	....
c	....	h	....
d	....	i	....
e	....	j	....

Gesamtsumme: ☐

4. Geben Sie entsprechend der folgenden Skala an, wie stark Sie sich gegenwärtig in den (unter 1.) aufgeführten Situationen hinsichtlich Ihrer Alltagsgestaltung behindert fühlen:

0	1	2	3	4	5	6	7	8
keine Behinderung		behindert ein wenig		stellt deutliche Behinderung dar		behindert stark		behindert extrem

Notieren Sie bitte auf der folgenden Liste Ihre Behinderungswerte:

Situation	Behinderung	Situation	Behinderung
a	....	f	....
b	....	g	....
c	....	h	....
d	....	i	....
e	....	j	....

Gesamtsumme: ☐

Liste der Übungssituationen

Bitte ordnen Sie Übungssituationen nach immer größer werdenden Schwierigkeitsgraden: an die 1. Stelle die leichteste, an die letzte Stelle die schwierigste Übung (vgl. Teil I, S. 39).

Übungssituationen:	Wann wurde die Übung erstmals erfolgreich bewältigt? (Datum)
1.	
2.	
3.	
4.	
5.	
6.	

7. ……………………………………

8. ……………………………………

9. ……………………………………

10. ……………………………………

11. ……………………………………

12. ……………………………………

13. ……………………………………

14. ……………………………………

15. ……………………………………

Wochenprotokoll* für den Übungsverlauf vom .... bis zum ....

Name: ....

Übungssituationen für diese Woche: ....

....

....

	Dauer der Übung Uhrzeit von Uhrzeit bis	Übungsziel	erreicht ja/nein	Entfernung v. zu Hause (km)	Gesamtzeiten (Minuten) ohne starke Ängste	allein (a)** Begleitung (b)	Verkehrs-mittel
Montag							
Dienstag							
Mittwoch							

Donnerstag							
Freitag							
Samstag							
Sonntag							

* Bitte für jede Woche während des Übungszeitraumes kopieren ** Bitte zutreffenden Buchstaben eintragen

10 Regeln für ein Selbstgespräch in der Übungssituation

1. Deine Angstgefühle und dabei auftretende körperliche Symptome sind verstärkte normale Streßreaktionen.

2. Angstreaktionen sind nicht schädlich für Deine Gesundheit.

3. Verstärke Deine Angstreaktionen nicht selbst durch furchterregende Phantasievorstellungen.

4. Bleibe trotz der Panikgefühle in der Realität. Beobachte und beschreibe Dir, was wirklich geschieht.

5. Warte in der Situation, bis die Angst vorübergeht.

6. Beobachte, wann und wie die Angst von alleine wieder abnimmt.

7. Gib Dir eine Chance, Fortschritte zu machen: Vermeide nicht!

8. Führe die Übung bis zum Abschluß durch.

9. Sei stolz auf Deine bisherigen Bemühungen und Erfolge (auch die kleinen!).

10. Nimm Dir Zeit für die Übungen.

Fragebögen II — F II

Datum: .... **Code:** ..../..........

(Bei Ende der vierwöchigen Übungsphase) (Buchstaben) (Zahl)

Bitte, füllen Sie diese Fragebögen <u>nach den ersten 4 Übungswochen</u> aus!

Unter welchen Bedingungen haben Sie das Übungsprogramm durchgeführt?

1. Unter Anleitung eines Therapeuten ( )
2. Unter Therapeutenanleitung mit Einbeziehung des Partners als Ko-Therapeut ( )
3. Eigenständig mit Hilfestellung des Partners ( )
4. Allein, nur mit Unterstützung des Selbsthilfe-Programmes ( )

Falls Sie eine Rückmeldung wünschen, notieren Sie bitte Ihre Anschrift:

....

(Name/Vorname)

....

(Straße/Hausnr.)

....

(PLZ/Wohnort)

I. Allgemeiner Agoraphobie-Fragebogen

Geben Sie bitte an, in welchem Ausmaß Sie in den unten aufgelisteten Situationen Angst empfinden. Wählen Sie auf der unten stehenden Skala die Zahl, die für das Ausmaß Ihrer Angst zutrifft und tragen Sie diese Zahl (von 0 bis 3) rechts in den jeweiligen Kasten ein.

0	1	2	3
0 = keine Angst	1 = unbehaglich, leichte Angst	2 = starke Angst	3 = panische Angst

1. Auf Straßen oder großen, weiten Plätzen .... ☐
2. Beim Einkaufen .... ☐
3. Mit der U-Bahn fahren .... ☐
4. Mit dem Zug fahren .... ☐
5. Mit dem Schiff fahren .... ☐
6. Mit dem Bus fahren .... ☐
7. Mit dem Auto fahren .... ☐
8. Mit dem Flugzeug fliegen .... ☐
9. In überfüllten Geschäften .... ☐
10. Im Kino, Theater oder in der Kirche .... ☐
11. Durch einen Tunnel fahren .... ☐
12. Bei Sport- oder anderen Freiluftveranstaltungen .... ☐
13. In Fahrstühlen .... ☐
14. Beim Friseur .... ☐
15. Auf Türmen oder in Hochhäusern .... ☐
16. Auf Brücken .... ☐

Bitte addieren Sie Ihre Angstwerte von 1.–6. und von 8.–14. Die Werte von 7, 15 und 16 also nicht mit einbeziehen.

Gesamtsumme: ☐

II. Stimmungsfragebogen

Lesen Sie bitte die folgenden Feststellungen sorgfältig durch und kreuzen Sie diejenige Antwort an, welche am ehesten anzeigt, wie Sie sich im Moment fühlen. Dabei ist es sehr wichtig, daß Sie darauf achten, wie Sich sich **gegenwärtig** fühlen und nicht, wie es in der Vergangenheit war oder wie es für die Zukunft zu wünschen wäre.

	stimmt genau	stimmt in etwa	nein, kaum	nein, überhaupt nicht
Ich fühle mich unglücklich und traurig	....	....	....	....
Ich finde es leicht, die Dinge zu tun, an die ich gewöhnt bin	....	....	....	....
Ich werde ohne erkennbaren Grund sehr ängstlich oder gerate in Panik	....	....	....	....
Es gibt Zeiten, in denen ich mich zum Weinen fühle, oder sogar weinen muß	....	....	....	....
Ich habe an allen Dingen Freude wie früher	....	....	....	....
Ich bin unruhig und rastlos	....	....	....	....
Ich kann gut ohne Tabletten einschlafen	....	....	....	....
Ich fühle mich ängstlich, wenn ich allein aus dem Haus gehe	....	....	....	....
Ich habe mein Interesse an vielen Dingen verloren	....	....	....	....
Ich werde ohne Grund müde	....	....	....	....
Ich bin gereizter als gewöhnlich	....	....	....	....
Ich wache in der Nacht auf und schlafe danach schlecht weiter	....	....	....	....

III. Persönlicher Agoraphobie-Fragebogen

1. Notieren Sie auf der folgenden Liste diejenigen angstauslösenden Situationen, die Ihr Leben am meisten beeinträchtigen:

   a) ....

   b) ....

   c) ....

   d) ....

   e) ....

   f) ....

   g) ....

   h) ....

   i) ....

   j) ....

2. Geben Sie für jede oben (unter 1.) aufgeführte Situation (a bis j) das Ausmaß an Angst an, das Sie empfinden würden, wenn Sie jetzt in diese Situation gehen müßten. Beurteilen Sie die Angst dabei nach der folgenden Skala:

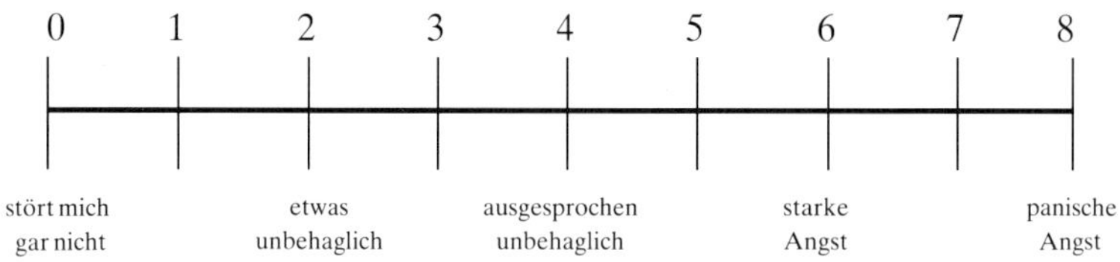

Notieren Sie bitte in der folgenden Liste Ihre Angstwerte:

Situation	Angstwert	Situation	Angstwert
a	....	f	....
b	....	g	....
c	....	h	....
d	....	i	....
e	....	j	....

Gesamtsumme: ☐

3. Geben Sie bitte entsprechend der folgenden Skala an, wie stark Sie gegenwärtig dazu neigen, die (unter 1.) aufgeführten Situationen zu vermeiden:

0	1	2	3	4	5	6	7	8
ich meide diese Situation nie		ich zögere, wenn die Situation bevorsteht, aber ich meide sie selten		manchmal vermeide ich die Situation		für gewöhnlich vermeide ich die Situation		ich vermeide die Situation immer

Notieren Sie bitte auf der folgenden Liste Ihre Vermeidungswerte:

Situation	Vermeidung	Situation	Vermeidung
a	....	f	....
b	....	g	....
c	....	h	....
d	....	i	....
e	....	j	....

Gesamtsumme: ☐

4. Geben Sie entsprechend der folgenden Skala an, wie stark Sie sich gegenwärtig in den (unter 1.) aufgeführten Situationen hinsichtlich Ihrer Alltagsgestaltung behindert fühlen:

0	1	2	3	4	5	6	7	8
keine Behinderung		behindert ein wenig		stellt deutiche Behinderung dar		behindert stark		behindert extrem

Notieren Sie bitte auf der folgenden Liste Ihre Behinderungswerte:

Situation	Behinderung	Situation	Behinderung
a	....	f	....
b	....	g	....
c	....	h	....
d	....	i	....
e	....	j	....

Gesamtsumme: ☐

Fragebögen III F III

Datum: .... **Code:** ..../..........

(6 Monate nach dem
Ende der vierwöchigen Übungsphase) (Buchstaben) (Zahl)

Bitte, füllen Sie diese Fragebögen <u>6 Monate nach Ihrem letzten Übungstag</u> aus!

Unter welchen Bedingungen haben Sie das Übungsprogramm durchgeführt?

1. Unter Anleitung eines Therapeuten ( )
2. Unter Therapeutenanleitung mit Einbeziehung des Partners als Ko-Therapeut ( )
3. Eigenständig mit Hilfestellung des Partners ( )
4. Allein, nur mit Unterstützung des Selbsthilfe-Programmes ( )

Falls Sie eine Rückmeldung wünschen, notieren Sie bitte Ihre Anschrift:

....

(Name/Vorname)

....

(Straße/Hausnr.)

....

(PLZ/Wohnort)

I. Allgemeiner Agoraphobie-Fragebogen

Geben Sie bitte an, in welchem Ausmaß Sie in den unten aufgelisteten Situationen Angst empfinden. Wählen Sie auf der unten stehenden Skala die Zahl, die für das Ausmaß Ihrer Angst zutrifft und tragen Sie diese Zahl (von 0 bis 3) rechts in den jeweiligen Kasten ein.

0	1	2	3
0 = keine Angst	1 = unbehaglich, leichte Angst	2 = starke Angst	3 = panische Angst

1. Auf Straßen oder großen, weiten Plätzen ☐
2. Beim Einkaufen ☐
3. Mit der U-Bahn fahren ☐
4. Mit dem Zug fahren ☐
5. Mit dem Schiff fahren ☐
6. Mit dem Bus fahren ☐
7. Mit dem Auto fahren ☐
8. Mit dem Flugzeug fliegen ☐
9. In überfüllten Geschäften ☐
10. Im Kino, Theater oder in der Kirche ☐
11. Durch einen Tunnel fahren ☐
12. Bei Sport- oder anderen Freiluftveranstaltungen ☐
13. In Fahrstühlen ☐
14. Beim Friseur ☐
15. Auf Türmen oder in Hochhäusern ☐
16. Auf Brücken ☐

Bitte addieren Sie Ihre Angstwerte von 1.–6. und von 8.–14. Die Werte von 7, 15 und 16 also nicht mit einbeziehen.

Gesamtsumme: ☐

II. Stimmungsfragebogen

Lesen Sie bitte die folgenden Feststellungen sorgfältig durch und kreuzen Sie diejenige Antwort an, welche am ehesten anzeigt, wie Sie sich im Moment fühlen. Dabei ist es sehr wichtig, daß Sie darauf achten, wie Sich sich **gegenwärtig** fühlen und nicht, wie es in der Vergangenheit war oder wie es für die Zukunft zu wünschen wäre.

	stimmt genau	stimmt in etwa	nein, kaum	nein, überhaupt nicht
Ich fühle mich unglücklich und traurig	....	....	....	....
Ich finde es leicht, die Dinge zu tun, an die ich gewöhnt bin	....	....	....	....
Ich werde ohne erkennbaren Grund sehr ängstlich oder gerate in Panik	....	....	....	....
Es gibt Zeiten, in denen ich mich zum Weinen fühle, oder sogar weinen muß	....	....	....	....
Ich habe an allen Dingen Freude wie früher	....	....	....	....
Ich bin unruhig und rastlos	....	....	....	....
Ich kann gut ohne Tabletten einschlafen	....	....	....	....
Ich fühle mich ängstlich, wenn ich allein aus dem Haus gehe	....	....	....	....
Ich habe mein Interesse an vielen Dingen verloren	....	....	....	....
Ich werde ohne Grund müde	....	....	....	....
Ich bin gereizter als gewöhnlich	....	....	....	....
Ich wache in der Nacht auf und schlafe danach schlecht weiter	....	....	....	....

III. Persönlicher Agoraphobie-Fragebogen

1. Notieren Sie auf der folgenden Liste diejenigen angstauslösenden Situationen, die Ihr Leben am meisten beeinträchtigen:

   a) ....
   b) ....
   c) ....
   d) ....
   e) ....
   f) ....
   g) ....
   h) ....
   i) ....
   j) ....

2. Geben Sie für jede oben (unter 1.) aufgeführte Situation (a bis j) das Ausmaß an Angst an, das Sie empfinden würden, wenn Sie jetzt in diese Situation gehen müßten. Beurteilen Sie die Angst dabei nach der folgenden Skala:

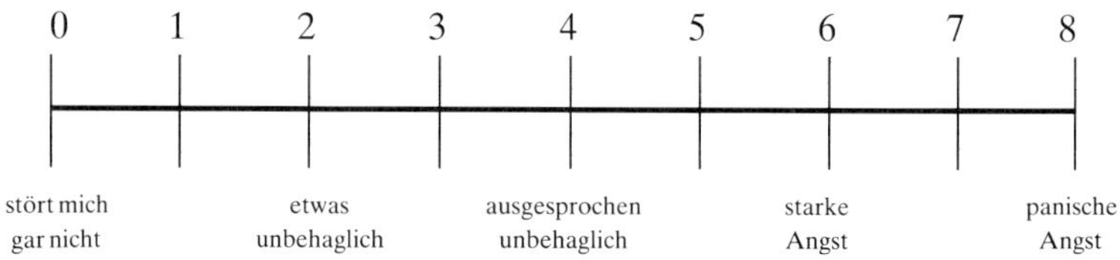

Notieren Sie bitte in der folgenden Liste Ihre Angstwerte:

Situation	Angstwert	Situation	Angstwert
a	....	f	....
b	....	g	....
c	....	h	....
d	....	i	....
e	....	j	....

Gesamtsumme: ☐

3. Geben Sie bitte entsprechend der folgenden Skala an, wie stark Sie gegenwärtig dazu neigen, die (unter 1.) aufgeführten Situationen zu vermeiden:

0	1	2	3	4	5	6	7	8
ich meide diese Situation nie		ich zögere, wenn die Situation bevorsteht, aber ich meide sie selten		manchmal vermeide ich die Situation		für gewöhnlich vermeide ich die Situation		ich vermeide die Situation immer

Notieren Sie bitte auf der folgenden Liste Ihre Vermeidungswerte:

Situation	Vermeidung	Situation	Vermeidung
a	....	f	....
b	....	g	....
c	....	h	....
d	....	i	....
e	....	j	....

Gesamtsumme: ☐

4. Geben Sie entsprechend der folgenden Skala an, wie stark Sie sich gegenwärtig in den (unter 1.) aufgeführten Situationen hinsichtlich Ihrer Alltagsgestaltung behindert fühlen:

0	1	2	3	4	5	6	7	8
keine Behinderung		behindert ein wenig		stellt deutliche Behinderung dar		behindert stark		behindert extrem

Notieren Sie bitte auf der folgenden Liste Ihre Behinderungswerte:

Situation	Behinderung	Situation	Behinderung
a	....	f	....
b	....	g	....
c	....	h	....
d	....	i	....
e	....	j	....

Gesamtsumme: ☐